〈세 마리 토끼 잡는 초등 어휘〉를 펴내며

공부 잘하는 아이, 독서 잘하는 아이로 키우려면 어휘력 먼저 키워 주어야 합니다!

공부 잘하고 책 잘 읽는 똑똑한 아이들에게는 공통점이 있습니다. 바로 그 아이들이 알고 있는 단어가 많다는 것입니다. 어휘력이 좋아서 책을 잘 읽는 것은 이해가 되는데, 어휘력이 좋아야 공부도 잘한다는 것은 설명이 좀 필요할 것 같습니다. 다음 말을 읽고 곰곰이 한번 생각해 보세요.

"사람은 자신이 아는 단어의 수만큼 생각하고 표현한다."
"하나의 단어를 아는 것은 그 단어를 둘러싸고 있는 세상을 아는 것이다."

이 말에 동의한다면 왜 어휘력이 좋아야 공부를 잘하는지 알 수 있을 것입니다. 공부는 세상을 이해하고 자신을 표현하는 일련의 과정이기 때문에, 어휘력을 키우면 세상을 이해하는 능력과 사고력이 자라서 공부를 잘하는 바탕이 마련됩니다.
예를 들어 볼까요? 두 아이가 있습니다. 한 아이는 '알리다'라는 낱말만 알고, 다른 아이는 '알리다' 외에 '안내하다', '보도하다', '선포하다', '폭로하다'라는 낱말도 알고 있습니다. 첫 번째 아이는 어떤 상황이든 '알리다'라고 뭉뚱그려 생각하고 표현합니다. 하지만 두 번째 아이는 길을 알려 줄 때는 '안내하다'라는 말을, 신문이나 TV에서 알려 줄 때는 '보도하다'라는 말을, 세상에 널리 알릴 때는 '선포하다'라는 말을 씁니다. 또 남이 피해를 입을 줄 알면서 알릴 때는 '폭로하다'라고 구분해서 말하겠지요. 이렇듯 낱말을 많이 알면, 보다 정확하게 이해하고 정교하게 표현할 수 있습니다.
〈세 마리 토끼 잡는 초등 어휘〉는 아이들의 어휘력을 키워 주려고 탄생했습니다. 아이들이 낱말을 재미있고 효율적으로 배울 뿐 아니라, 낯선 낱말을 만나도 그 뜻을 유추해 내도록 이끄는 것이 〈세 마리 토끼 잡는 초등 어휘〉의 목표입니다. 공부 잘하는 아이, 독서 잘하는 아이로 키우고 싶다면, 이 글을 읽는 순간 이미 목적지에 한 발 다가선 것입니다. 〈세 마리 토끼 잡는 초등 어휘〉가 공부 잘하는 아이, 독서 잘하는 아이로 책임지고 키워 드리겠습니다.

세 마리 토끼 잡는 초등 어휘는 어떤 책인가요?

1 한자어, 고유어, 영단어 세 마리 토끼를 잡아 어휘력을 통합적으로 키워 주는 책

〈세 마리 토끼 잡는 초등 어휘〉는 한자어와 고유어, 영단어 실력을 단단하게 만들어 주는 책입니다. 낱말 공부가 지루한 건, 낱말과 뜻을 1:1로 외우기 때문입니다. 이렇게 공부하면 낯선 낱말을 만났을 때 속뜻을 헤아리지 못해 낭패를 보지요. 〈세 마리 토끼 잡는 초등 어휘〉는 속뜻을 이해하면서 한자어를 공부하고, 이와 관련 있는 고유어와 영단어를 연결해서 공부하도록 이루어져 있습니다. 흩어져 있는 글자와 낱말들을 연결하면 보다 재미있게 공부하고 오래 기억할 수 있습니다.

2 한자가 아니라 '한자 활용 능력'을 키워 주는 책

많은 아이들이 '날 생(生)' 자는 알아도 '생명', '생계', '생산'의 뜻은 똑 부러지게 말하지 못합니다. 한자와 한자어를 따로따로 공부하기 때문이지요. 〈세 마리 토끼 잡는 초등 어휘〉는 한자를 중심으로 다양한 한자어를 공부하도록 구성하여 한자를 통해 낯설고 어려운 낱말의 속뜻도 짐작할 수 있는 '한자 활용 능력'을 키워 줍니다.

3 교과 지식과 독서·논술 실력을 키워 주는 책

〈세 마리 토끼 잡는 초등 어휘〉는 추상적인 낱말과 개념어를 잡아 주는 책입니다. 고학년이 되면 '사고방식', '민주주의' 같은 추상적인 낱말과 개념어를 자주 듣게 됩니다. 이런 어려운 낱말은 아이들의 책 읽기를 방해하고 공부에 대한 흥미를 잃게 하지요. 하지만 〈세 마리 토끼 잡는 초등 어휘〉로 공부하면 낱말과 지식을 함께 익힐 수 있어서, 교과 공부는 물론이고 독서와 논술을 위한 기초 체력도 기를 수 있습니다.

세 마리 토끼 잡는 초등 어휘는 어떻게 이루어져 있나요?

1 전체 구성

〈세 마리 토끼 잡는 초등 어휘〉는 다섯 단계(총 18권)로 이루어져 있습니다.

단계	P단계	A단계	B단계	C단계	D단계
대상 학년	유아~초등 1년	초등 1~2년	초등 2~3년	초등 3~4년	초등 5~6년
권 수	3권	4권	4권	4권	3권

2 권 구성

〈세 마리 토끼 잡는 초등 어휘〉 한 권은 내용에 따라 PART1, PART2, PART3으로 나누어져 있습니다.

PART 1 핵심 한자로 배우는 기본 어휘(2주 분량)

10개의 핵심 한자를 중심으로 한자어와 고유어, 영단어를 익히는 곳입니다. 한자는 단계에 맞는 급수와 아이들이 자주 듣는 낱말이나 교과 연계성을 고려해 선별하였습니다. 한자와 낱말은 한눈에 들어오게 어휘망으로 구성하였고, 다양한 활동을 통해 낱말의 뜻을 익힐 수 있게 꾸렸습니다. 또한 교과 관련 낱말을 별도로 구성해서 교과 지식도 함께 쌓을 수 있습니다.

단계별 구성(P단계에서 D단계로 갈수록 핵심 한자와 낱말의 난이도가 높아지고, 낱말 수도 많아집니다.)

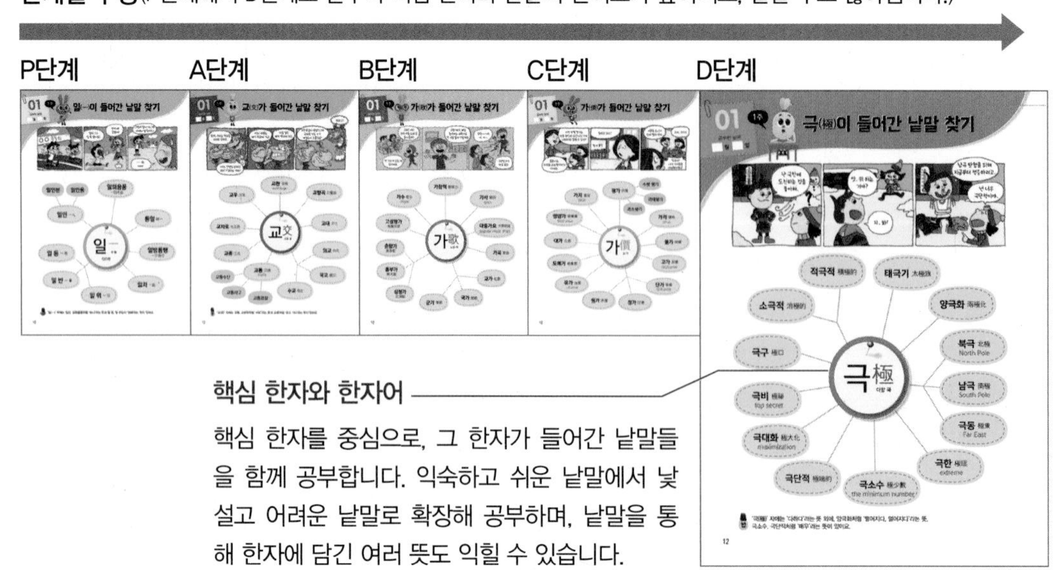

PART 2 뜻을 비교하며 배우는 관계 어휘(1주 분량)

관계가 있는 여러 낱말들을 연결해서 공부하는 곳입니다. '輕(가벼울 경)', '重(무거울 중)' 같은 상대되는 한자나, '동물', '종교' 등 하나의 주제를 중심으로 관련 있는 낱말들을 모아서 익힐 수 있습니다.

상대어로 배우는 한자어

상대되는 한자를 중심으로 상대어들을 함께 묶어 공부합니다. 상대어를 통해 어휘 감각과 논리력을 키울 수 있습니다.

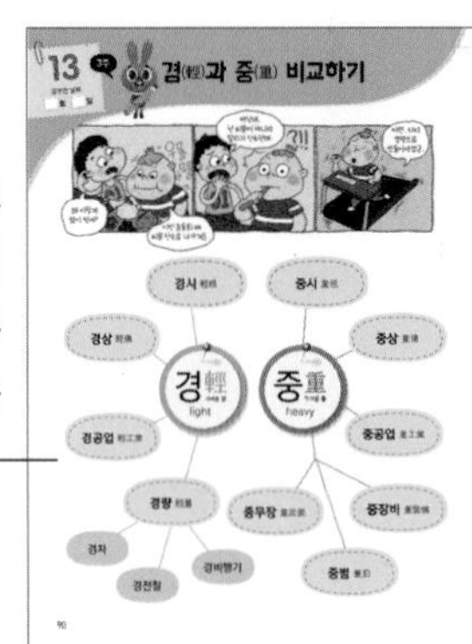

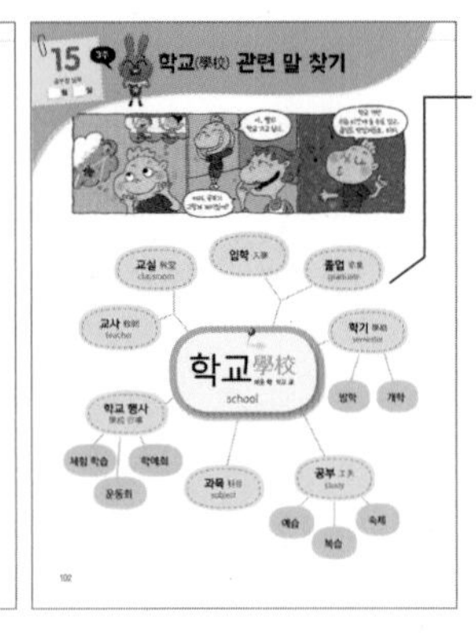

주제로 배우는 한자어

음식, 교통, 방송, 학교 등 하나의 주제와 관련 있는 낱말을 모아서 공부합니다.

PART 3 소리를 비교하며 배우는 확장 어휘(1주 분량)

소리가 같거나 비슷해서 헷갈리는 낱말이나, 낱말 앞뒤에 붙는 접두사·접미사를 익히는 곳입니다. 비슷한말을 비교하면서 우리말을 좀 더 바르게 쓸 수 있습니다.

헷갈리는 말 살피기

'가르치다/가리키다', '~던지/~든지'처럼 헷갈리는 말이나 흉내 내는 말을 모아 뜻과 쓰임을 비교합니다.

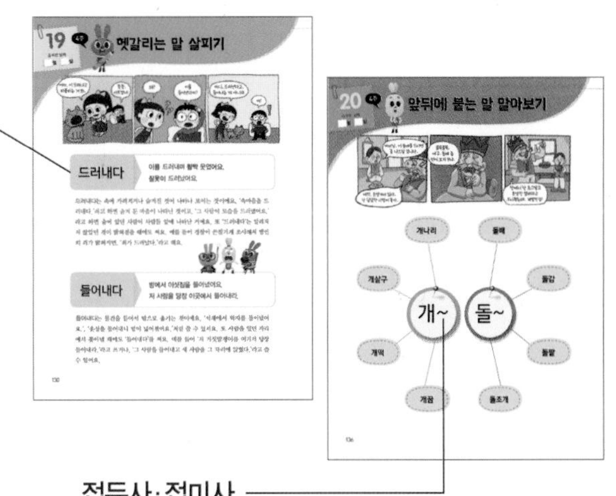

소리가 같은 말 비교하기

소리가 같은 한자를 중심으로, 소리는 같지만 뜻이 다른 동음이의어를 공부합니다.

접두사·접미사

'~장이/~쟁이'처럼 낱말 앞뒤에 붙어 새로운 뜻을 더하는 접두사·접미사를 배웁니다.

세 마리 토끼 잡는 초등 어휘 1일 학습은 어떻게 짜여 있나요?

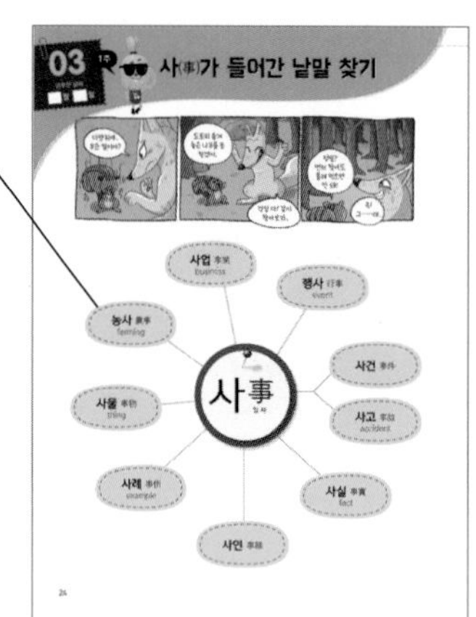

어휘망

어휘망은 핵심 한자나 글자, 주제를 중심으로 쓰임이 많은 낱말을 모아 놓은 마인드맵입니다. 한자의 훈음과 관련 낱말들을 익히면, 한자를 이용해 낱말들의 속뜻을 짐작할 수 있습니다.

먼저 확인해 보기

미로 찾기, 십자말풀이, 색칠하기 등 다양한 활동을 하며 낱말의 뜻을 정확히 알고 있는지 확인할 수 있습니다.

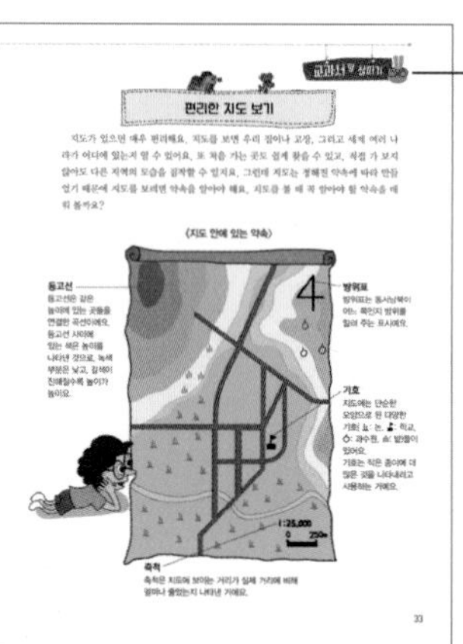

익숙한 말 살피기

낱말을 아이들 눈높이에 맞춰 한자로 풀어 설명합니다. 한자와 뜻을 연결해 공부하면서 한자를 이용한 속뜻 짐작 능력을 키울 수 있습니다.

교과서 말 살피기

교과 내용을 낱말 중심으로 되짚어 봅니다. 확장된 지식과 낱말 상식 등을 함께 공부할 수 있습니다.

특별 구성

★ '주제로 배우는 한자어'는 동물, 학교, 수 등 주제를 중심으로 관련 어휘를 확장해서 공부합니다.

속뜻 짐작 능력 테스트

앞에서 배운 내용을 잘 이해했는지 확인하고, 핵심 한자를 활용해 낯설거나 어려운 낱말의 뜻을 스스로 짐작해 봅니다.

어휘망 넓히기

관련 있는 영단어와 새말 등을 확장해서 공부할 수 있습니다. QR 코드를 찍으면 영어 발음을 듣고 배울 수 있습니다.

재미있는 우리말 유래/이야기

재미있는 우리말 유래/이야기

한 주 학습을 마치면, 우리말 유래나 우리말에 얽힌 이야기를 소개하는 재미있는 만화가 기다리고 있습니다.

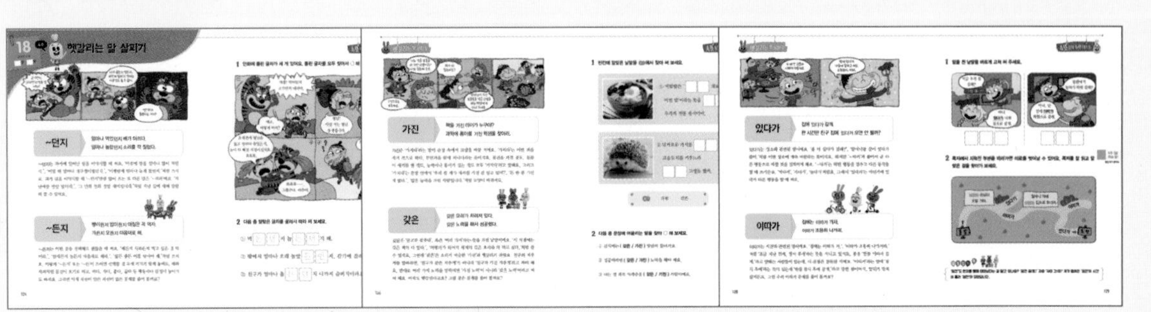

★ '헷갈리는 말 살피기'는 소리가 비슷한 낱말들을 비교할 수 있게 구성하였습니다.

세 마리 토끼 잡는 초등 어휘 이렇게 공부해요

1 매일매일 꾸준히 공부해요

〈세 마리 토끼 잡는 초등 어휘〉는 매일 6쪽씩 꾸준히 공부하는 책이에요. 재미있는 활동과 만화가 있어서 지루하지 않게 공부할 수 있지요. 공부가 끝나면 '○주 ○일 학습 끝!' 붙임 딱지를 붙이고, QR 코드를 이용해 영어 발음도 들어 보세요.

2 또 다른 낱말도 찾아보아요

하루 공부를 마치고 나면, 인터넷 사전에서 그날의 한자가 들어간 다른 낱말들을 찾아보세요. 아마 '어머, 이 한자가 이 낱말에 들어가?', '이 낱말이 이런 뜻이었구나.'라고 깨달으며 새로운 즐거움에 빠질 거예요. 새로 알게 된 낱말들로 나만의 어휘망을 만들면 더욱 도움이 될 거예요.

3 보고 또 봐요

〈세 마리 토끼 잡는 초등 어휘〉는 PART1에 나온 한자가 PART2나 PART3에도 등장해요. 보고 또 보아야 기억이 나고, 비교하고 또 비교해야 정확히 알 수 있기 때문이지요. 책을 다 본 뒤에도 심심할 때 꺼내 보며 낱말들을 내 것으로 만들어 보세요.

한 주 학습표

월	화	수	목	금	토
매일 6쪽씩 학습하고, '○주 ○일 학습 끝!' 붙임 딱지 붙이기					주요 내용 복습하기

세 마리 토끼 잡는 초등 어휘

주	일차	단계		공부할 내용	교과 연계 내용
1주	1	PART1 (기본 어휘)		립(立)	[사회 3-1] 우리 고장의 주요 장소 알기
1주	2	PART1 (기본 어휘)		공(公)	[통합교과 가을 1] 이웃과 함께 쓰는 시설을 이용하는 방법 [통합교과 가을 2] 공공장소에서의 질서와 규칙 알기
1주	3	PART1 (기본 어휘)		사(事)	[안전한 생활 1] 안전을 위해 지켜야 할 일 알기
1주	4	PART1 (기본 어휘)		기(旗)	[통합교과 겨울 1] 우리나라를 상징하는 기 / 태극기의 의미 알기
1주	5	PART1 (기본 어휘)		세(世)	[통합교과 겨울 2] 다른 나라와 우리나라 사람 비교하기
2주	6	PART1 (기본 어휘)		전(電)	[사회 3-1] 의사소통 수단의 발달 과정 알기
2주	7	PART1 (기본 어휘)		감(感)	[국어 2-1] 꾸며 주는 말 사용해 보기
2주	8	PART1 (기본 어휘)		조(調)	[국어 1-2] 알맞은 목소리로 읽기 / 상황에 따라 달라지는 어조 알기
2주	9	PART1 (기본 어휘)		편(便)	[수학 2-1] 물건의 수를 편리하게 세는 방법 알기 / 곱셈의 의미 알기
2주	10	PART1 (기본 어휘)		작(作)	[사회 3-1] 의사소통 수단의 변화 알기
3주	11	PART2 (관계 어휘)	상대어	사활(死活)	[통합교과 겨울 1] 한복에 대해 알아보기 [사회 3-2] 옛날과 오늘날 의식주의 차이점 알아보기
3주	12	PART2 (관계 어휘)	상대어	출입(出入)	[통합교과 겨울 1] 우리나라의 자랑거리 생각해 보기
3주	13	PART2 (관계 어휘)	상대어	주야조석(晝夜朝夕)	[통합교과 가을 1] 추석에 먹는 음식과 하는 일 알기
3주	14	PART2 (관계 어휘)	주제어	감각(感覺)	[통합교과 봄 2] 몸의 각 부분이 하는 일 알기
3주	15	PART2 (관계 어휘)	주제어	시간(時間)	[수학 1-2] 시계 보는 법 알기 [수학 2-2] 시간과 하루, 달력 알아보기
4주	16	PART3 (확장 어휘)	동음이의 한자	사(事/士)	[통합교과 겨울 1] 우리 전통문화 살펴보기 [통합교과 겨울 2] 세계 문화 이해하기
4주	17	PART3 (확장 어휘)	동음이의 한자	조(造/組)	[통합교과 겨울 1] 옛집에 담긴 조상의 지혜 알아보기 [사회 3-1] 우리 고장의 문화유산 알아보기
4주	18	PART3 (확장 어휘)	헷갈리는 말	~(으)로서/~(으)로써 몇 일/며칠 아름/알음	[국어 2-1] 소리가 비슷해서 헷갈릴 수 있는 말 알기 [국어 2-2] 바른 말 사용하기
4주	19	PART3 (확장 어휘)	헷갈리는 말	묻히다/무치다 되다/돼다 부수다/부시다	[국어 2-1] 소리가 비슷해서 헷갈릴 수 있는 말 알기 [국어 3-1] 낱말의 뜻 정확히 알고 사용하기
4주	20	PART3 (확장 어휘)	접두사/접미사	개~/돌~	[국어 1-1] 글자의 구성 요소 알기 [국어 3-2] 쪼갤 수 있는 낱말 알기

contents

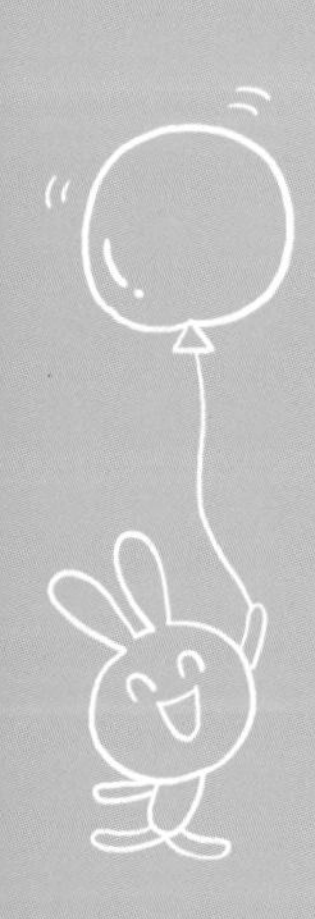

PART 1

PART1에서는 핵심 한자를 중심으로
우리말과 영어 단어, 교과 관련 낱말 들을 공부해요.

01
공부한 날짜
월 일

1주

립(立)이 들어간 낱말 찾기

흥, 내가 먼저 왔거든!
내가 먼저 왔어!

박쥐야, 우리 둘 중에 누가 먼저 왔어? 네가 말해 봐.

허허, 입장이 참 난처하군! 여긴 내 집인데……

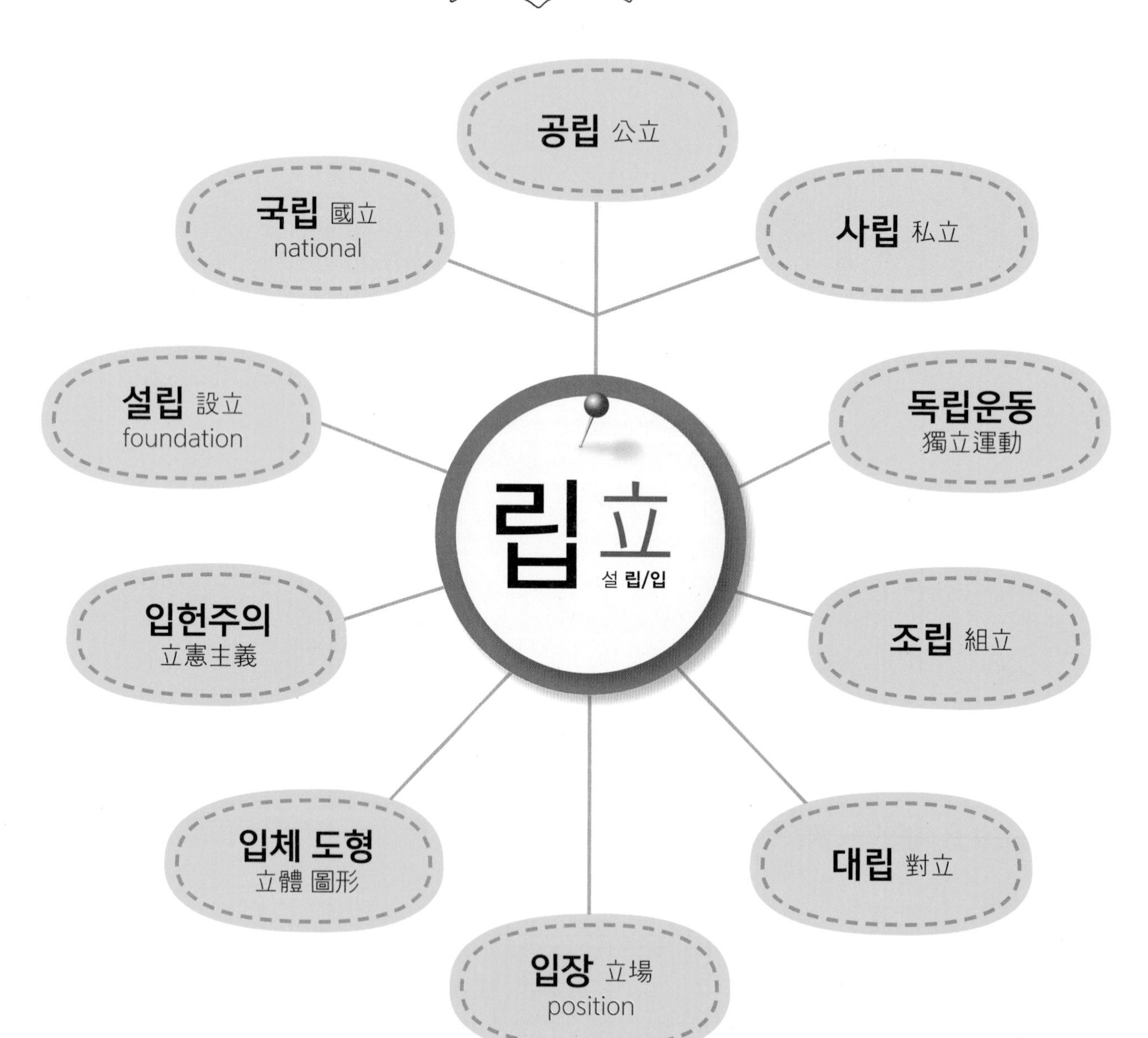

립 立
설 립/입
공립 公立
국립 國立
national
사립 私立
설립 設立
foundation
독립운동
獨立運動
입헌주의
立憲主義
조립 組立
입체 도형
立體 圖形
대립 對立
입장 立場
position

1 아기 돼지 삼 형제가 벽돌로 집을 짓고 있어요. 하얀 벽돌을 (   ) 안의 뜻풀이를 대신해 들어갈 낱말과 같은 색으로 칠해 주세요.

친구들이 다투니까 내 (**처한 상황**)이 아주 곤란해.

예 나는 좋은 회사를 (**건물이나 기관을 세움.**)하고 싶어.

우리 학교는 (**나라에서 세우고 돌봄.**) 학교야.

나는 블록으로 (**여러 조각을 짜 맞춰 만듦.**) 하는 걸 좋아해.

그 분은 (**나라의 독립을 위해 벌인 여러 활동**)가야.

엄마, 아빠의 의견이 (**의견 등이 서로 다름.**)했어.

예 설립	국립	대립
조립	독립운동	입장

설립
設(베풀 설) 立(설 립/입)

여러분이 다니는 학교가 언제 세워졌는지 알고 있나요? 학교 같은 기관이나 어떤 모임 등을 세우는(설 립/입, 立) 걸 **설립**이라고 해요. 그리고 세운 사람은 '사람 자(者)' 자를 넣어서 '설립자'라고 해요.

국립/공립
國(나라 국) 立(설 립/입)
公(공평할 공)

국립 대학, 국공립 유치원, 사립 학교 등 우리가 다니는 학교나 기관들 앞에는 누가 세우고 운영하는지 알려 주는 낱말들이 붙어 있어요. 나라(나라 국, 國)가 세우고 돌보면 **국립**, 도나 시 같은 지방 자치 단체에서 세우고 돌보면 '공평할 공(公)' 자를 넣어 **공립**, 개인이 세우고 돌보면 '사사로울 사(私)' 자를 붙여서 '사립'이라고 불러요.

독립운동
獨(홀로 독) 立(설 립/입)
運(움직일 운) 動(움직일 동)

나라가 스스로(홀로 독, 獨) 서도록(설 립/입, 立) 노력하는 것을 **독립운동**이라고 해요. 일본이 우리나라를 강제로 다스린 일제 강점기에 우리나라의 많은 사람들은 나라를 위해 독립운동을 했어요. 이런 사람들을 '독립운동가'라고 해요.

조립
組(짤 조) 立(설 립/입)

자동차는 바퀴와 유리창, 쇠로 된 몸체 등을 잘 짜 맞춰 만들어요. 이렇게 무언가를 짜서(짤 조, 組) 세우는(설 립/입, 立) 일을 **조립**이라고 해요. '짜기', '짜 맞추기'로 바꿔 쓸 수 있어요.

대립
對(대답할 대) 立(설 립/입)

대립은 서로 의견이나 처지가 반대된다는 뜻이에요. '대답할 대(對)' 자에는 마주 대한다는 뜻이 있어서, 의견이 안 맞아 서로 하나가 되지 못하고 서 있는 모습이 '대립'이지요. '의견이 대립하다.'처럼 쓸 수 있어요.

입장
立(설 립/입) 場(마당 장)

입장은 지금 내가 서 있는(설 립/입, 立) 자리(마당 장, 場)나 형편을 뜻해요. 이렇게 '설 립/입(立)' 자가 낱말의 맨 앞에 오면 '립'이 아니라 '입'으로 소리 나요. 입장은 '처지'와 바꿔 쓸 수 있답니다.

입체 도형
立(설 립/입) 體(몸 체)
圖(그림 도) 形(모양 형)

입체 도형은 설 수 있는 도형으로, 상자나 공, 병 등이 모두 입체 도형을 닮았어요. 입체 도형은 공간을 차지하며 만질 수 있어요.

입헌주의
立(설 립/입) 憲(법 헌)
主(주인 주) 義(옳을 의)

'입헌'은 헌법(법 헌, 憲)을 세우는(설 립/입, 立) 것이고, **입헌주의**는 왕 마음대로 하는 것이 아니라 헌법에 따라 나라를 이끌어 가자는 생각이에요. 우리나라를 비롯해 많은 나라가 입헌주의를 택하고 있어요.

학교나 도서관, 박물관 등은 누가 세웠는지에 따라 국립, 공립, 사립으로 나눠요. 만약 유치원을 나라에서 세웠다면 '국립 유치원'이라고 불러요. 하지만 서울시나 강원도 같은 지방 자치 단체에서 만들었다면 '공립 유치원'이라고 부르지요. 공립 중에는 도에서 세운 '도립', 시에서 세운 '시립', 구에서 세운 '구립' 등이 있어요. 그런데 만일 개인이 세웠다면 어떻게 부를까요? 그때는 '사립 유치원'이라고 불러요. 그럼 체험 학습 장소 가운데 국립과 공립, 사립 기관들을 만나 볼까요?

국립중앙박물관 어린이박물관 국립중앙박물관 어린이박물관은 나라에서 운영하는 곳으로, 우리 역사를 다양한 놀이를 통해 재미있게 배울 수 있어요.

서울특별시교육청 어린이도서관 서울특별시교육청 어린이도서관은 1979년에 설립된 공립 어린이 도서관으로, 좋은 책과 시원한 바람을 즐길 수 있어요.

간송미술관 간송미술관은 '간송'이라는 호를 가진 전형필이 세운 우리나라 최초의 사립 미술관으로, 우리나라를 대표하는 작품들이 소장돼 있어요.

1 표지판에 적힌 낱말 가운데 빈칸에 알맞은 낱말을 골라 써 주세요.

2 속뜻 짐작 사진에 있는 돌문은 무엇일까요? 설명을 읽고 돌문의 이름을 써 주세요.

중국 사신들을 맞이하던 영은문을 헐고 그 자리에 세운 돌문이에요. 우리나라가 스스로의 힘으로 살아갈 수 있다고 선언하기 위해 1897년에 독립 협회가 세웠어요.

3 속뜻 짐작 초성을 참고하여 빈칸에 들어갈 낱말을 직접 써 보세요.

우리가 일상생활에서 사용하는 대부분의 물건은 입체 도형과 닮았어요.
다양한 입체 도형을 영어로는 어떻게 부르는지 알아볼까요?

cylinder

cylinder는 입체 도형 가운데 '원기둥'이나 '원통'을 가리켜요. 우리 주변에 있는 물건 중에서는 쓰레기통(garbage can)이나 램프가 원기둥을 닮았어요.

sphere

sphere는 공 모양을 한 '구'예요. 여기에 '절반'을 나타내는 영어 hemi가 붙은 hemisphere는 구의 반쪽인 '반구'이지요. 우리 주변에 있는 물건 중에는 공이 구에 가까워요. 반구를 닮은 물건으로는 국그릇(bowl)이 있어요.

1주 1일
학습 끝!
붙임 딱지 붙여요.

cone

cone은 바닥은 둥근 원이고 위는 뾰족한 '원뿔'이에요. 우리 주변에서 볼 수 있는 원뿔은 어떤 것이 있을까요? 아이스크림콘이 바로 원뿔 모양이에요. 생일 파티에 쓰는 고깔 모자도 원뿔을 닮았고요. 도로에 가끔 공사 중이라고 통행을 막는 교통 표지물이 있는데, 이것도 원뿔 모양이에요.

QR 찍고 발음 듣기

02
공부한 날짜 월 일

1주

공(公)이 들어간 낱말 찾기

'공(公)' 자에는 공정처럼 '공평하다'는 뜻과 공무원처럼 '관공서'라는 뜻,
공원에서처럼 '여럿'이라는 뜻이 있어요.

1 공원에서 놀다가 길을 잃었어요. 퀴즈의 정답을 따라가면 공원을 빠져나가는 큰 문을 발견할 수 있어요. 그럼 출발해 볼까요?

공평/공정

公(공평할 공) 平(평평할 평)
正(바를 정)

우린 '공평하게 나눠 주세요.'라는 말을 종종 해요. 그런데 공평한 게 뭘까요? **공평**은 어느 한쪽으로 치우치지 않고 고른 거예요. 심판이나 판사는 공평하고 바르게(바를 정, 正) 판단해야 하는데, 이런 걸 **공정**이라고 해요.

공개

公(공평할 공) 開(열 개)

어떤 내용이나 정보를 모든 사람이 볼 수 있게 드러내는 것을 **공개**라고 해요. '공개 사과'나 '정보 공개'처럼 쓸 수 있어요. 여기서 '공평할 공(公)' 자는 '드러내다'라는 뜻이에요.

공무원

公(공평할 공) 務(힘쓸 무)
員(인원 원)

시청이나 주민 센터에서 일하는 분들을 본 적이 있지요? 이처럼 나라나 시에서 운영하는 관공서에서 국민을 위해 일하는 사람들을 **공무원**이라고 해요.

공인

公(공평할 공) 認(알 인)

'태권도 국가 공인 9단'이라고 하면, 국가에서 정한 기준에 따라 9단 정도의 실력을 갖췄다는 뜻이에요. 이처럼 국가나 공공 단체 등이 인정한 것을 **공인**이라고 해요. 그래서 온라인 등으로 돈거래를 할 때 내 자격을 인정받을 수 있는 것을 '공인 인증서'라고 하고, 집을 사고팔 때 도와주도록 인정받은 사람을 '공인 중개사'라고 해요.

공휴일

公(공평할 공) 休(쉴 휴) 日(날 일)

공휴일은 나라에서 정해서 함께 쉬는 날이에요. 삼일절이나 광복절처럼 역사적인 일을 기념하거나, 어린이날처럼 어떤 것의 중요성을 잊지 않으려고 정해서 쉬어요.

공해

公(공평할 공) 害(해칠 해)

자동차 매연이나 공장에서 내보내는 더러운 물 때문에 환경이 오염되고 있어요. 이처럼 산업이 발전하면서 여러 사람이 함께 입는 피해를 **공해**라고 해요.

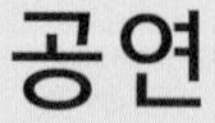

공연

公(공평할 공) 演(펼/멀리 흐를 연)

공연은 여러 사람 앞에서 음악이나 무용, 연극 따위를 보여 주는 일이에요. 공연하는 장소(마당 장, 場)는 '공연장', 공연한 대가를 헤아려(헤아릴 료, 料) 받는 돈은 '공연료'라고 해요.

공원

公(공평할 공) 園(동산 원)

공원은 여러 사람이 편히 쉬고 산책하게 만든 동산(동산 원, 園)이나 놀이 장소예요. 놀이 기구 등을 설치한 공원은 '놀이공원', 바다의 일부를 메워 만든 공원은 '해상공원'이라고 해요.

공공장소에서 지켜야 할 규칙

우리가 사는 마을에는 공원이나 식당, 영화관처럼 이웃과 함께 이용하는 장소들이 있어요. 이렇게 여럿이 함께 이용하는 장소를 '공공장소'라고 하지요. 공공장소는 규칙에 따라 다른 사람을 배려하며 사용해야 해요. 공공장소에서 지켜야 할 규칙으로는 차례 지키기, 시끄럽게 떠들지 않기, 쓰레기 버리지 않기 등이 있지요. 공공장소에서 규칙을 지키지 않으면 어떤 일이 벌어질지 생각해 볼까요?

〈공공장소에서 마음대로 행동한다면?〉

공기, 물, 산처럼 여럿이 함께 쓰는 자원을 '공유 자원'이라고 해요. 이때의 '공'은 여럿이 함께 가지고 있다는 뜻으로, '공평할 공(公)' 자가 아니라 '함께 공(共)' 자를 써요. 공유 자원도 공공시설처럼 아껴 써야 해요.

1 다음 사진을 보고 빈칸에 공통으로 들어갈 낱말을 찾아 따라 써 보세요.

2 빈칸에 공통으로 들어갈 글자 하나를 써넣어 그림과 관련 있는 낱말을 만드세요.

3 속뜻 짐작 밑줄 친 낱말의 뜻을 찾아 선으로 연결해 주세요.

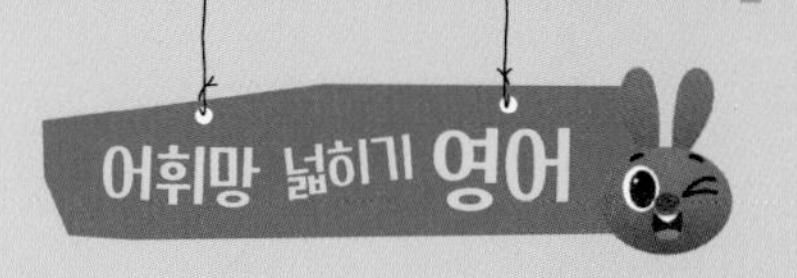

우리 주변에는 여럿이 이용하는 공공시설이 많아요.
우리 마을에 있는 공공시설의 영어 이름을 알아볼까요?

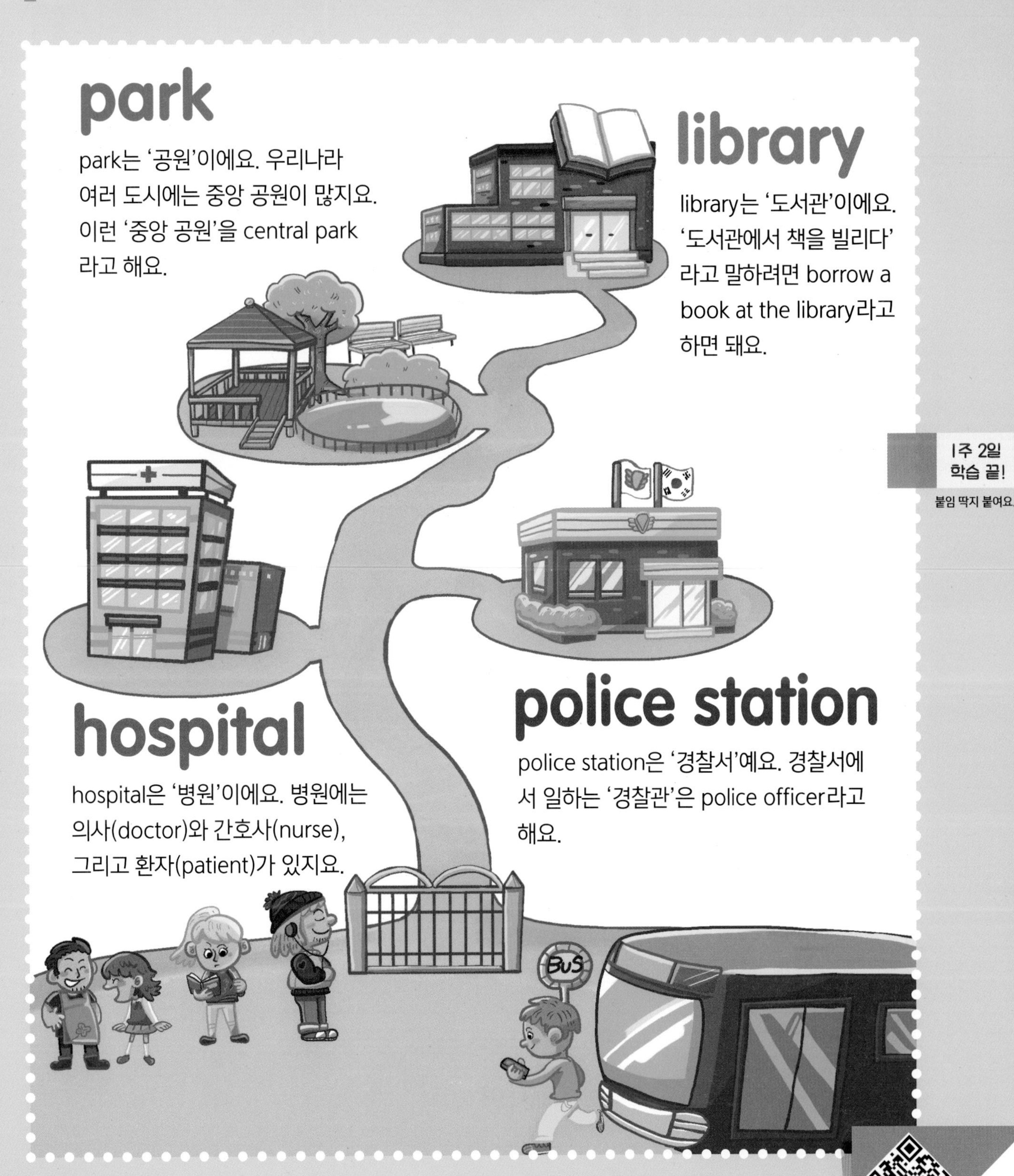

park

park는 '공원'이에요. 우리나라 여러 도시에는 중앙 공원이 많지요. 이런 '중앙 공원'을 central park라고 해요.

library

library는 '도서관'이에요. '도서관에서 책을 빌리다'라고 말하려면 borrow a book at the library라고 하면 돼요.

hospital

hospital은 '병원'이에요. 병원에는 의사(doctor)와 간호사(nurse), 그리고 환자(patient)가 있지요.

police station

police station은 '경찰서'예요. 경찰서에서 일하는 '경찰관'은 police officer라고 해요.

QR 찍고 발음 듣기

03 공부한 날짜 월 일

1주 사(事)가 들어간 낱말 찾기

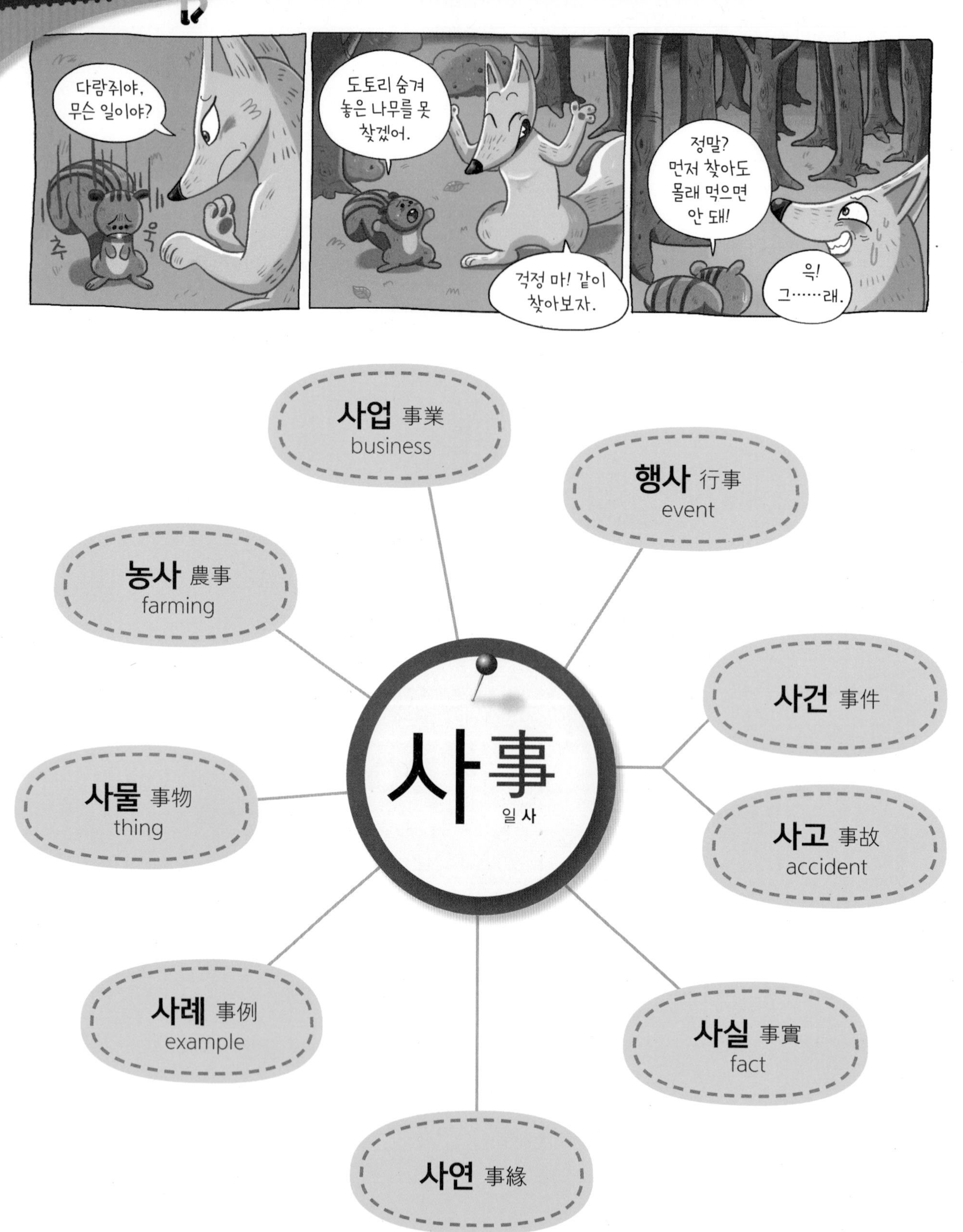

1 다양한 일을 하는 사람들이 있어요. 각 낱말의 뜻풀이가 적힌 옷을 찾아서, 낱말과 가까이 있는 사람의 윗옷을 그 옷의 색깔로 칠해 주세요.

농사
農(농사 농) 事(일 사)

쌀, 콩 같은 곡식이나 배추, 오이 같은 채소를 심어 기르고 거두는 일(일 사, 事)을 **농사**라고 해요. '일 업(業)' 자를 붙인 '농업'은 농사짓는 일뿐 아니라 동물을 기르는 일도 포함해요.

사업
事(일 사) 業(일 업)

사업은 회사나 가게를 차려 짜임새 있게 일하는 걸 말해요. 대부분의 사업은 돈을 벌려고 하지만, 어떤 사업은 여러 사람에게 도움을 주려고 벌이지요. 이런 사업을 '공공사업'이라고 해요.

행사
行(다닐 행) 事(일 사)

학교에서는 바자회와 학예회 등 다양한 행사를 해요. 이처럼 **행사**는 어떤 일을 벌이는 거예요. 무언가를 기념하는 행사는 '기념행사', 축하하는 행사는 '경축 행사'라고 해요.

사건/사고
事(일 사) 件(사건 건) 故(연고 고)

뉴스에서 '오늘의 사건, 사고를 말씀드리겠습니다.'라는 말을 들어 본 적이 있나요? **사건**은 사회적으로 문제를 일으키거나 주목받을 만한 일을 가리켜요. '사기 사건', '역사적 사건' 등으로 써요. 이와 비슷한 **사고**는 뜻밖에 일어난 불행한 일로, '교통사고'가 대표적인 예이지요.

사실
事(일 사) 實(열매 실)

여러분이 거짓말했을 때 부모님께서 "사실대로 말해."라고 말씀하신 적이 있지요? **사실**은 실제로 있었던 일이나 지금 있는 일을 뜻해요. '사실을 밝히다.', '사실이 드러나다.'처럼 써요.

사연
事(일 사) 緣(인연 연)

사연은 일이 그렇게 된 까닭이나 앞뒤 사정이에요. '인연 연(緣)' 자에는 '까닭'이라는 뜻도 있지요. '사연이 많아.'라고 하면, 일이 이렇게 된 까닭이 많다는 뜻이에요.

사례
事(일 사) 例(법식 례)

사례는 어떤 일이 이전에 실제로 일어난 예를 말해요. '법식 례(例)' 자는 '본보기'라는 뜻으로 쓰였지요. 무언가를 설명할 때 사례를 들어 설명하면 훨씬 이해하기 쉬워요.

사물
事(일 사) 物(물건 물)

사물은 일과 물건을 아울러 이르는 말이에요. 주의할 것은 여러분이 사용하는 '사물함'은 개인적인(사사로울 사, 私) 물건을 담아 두는 함으로, 여기서의 '사물'과 뜻이 달라요.

우리 주변의 사건과 사고

우리 주변에서는 늘 여러 가지 사건과 사고가 일어나요. 교통사고나 화재, 지진 등 여러 가지 사건, 사고가 우리도 모르는 사이에 일어나곤 하지요. 사건과 사고를 막고 피해를 줄이려면 어떻게 해야 할까요? 주인공을 따라가며 알아보아요.

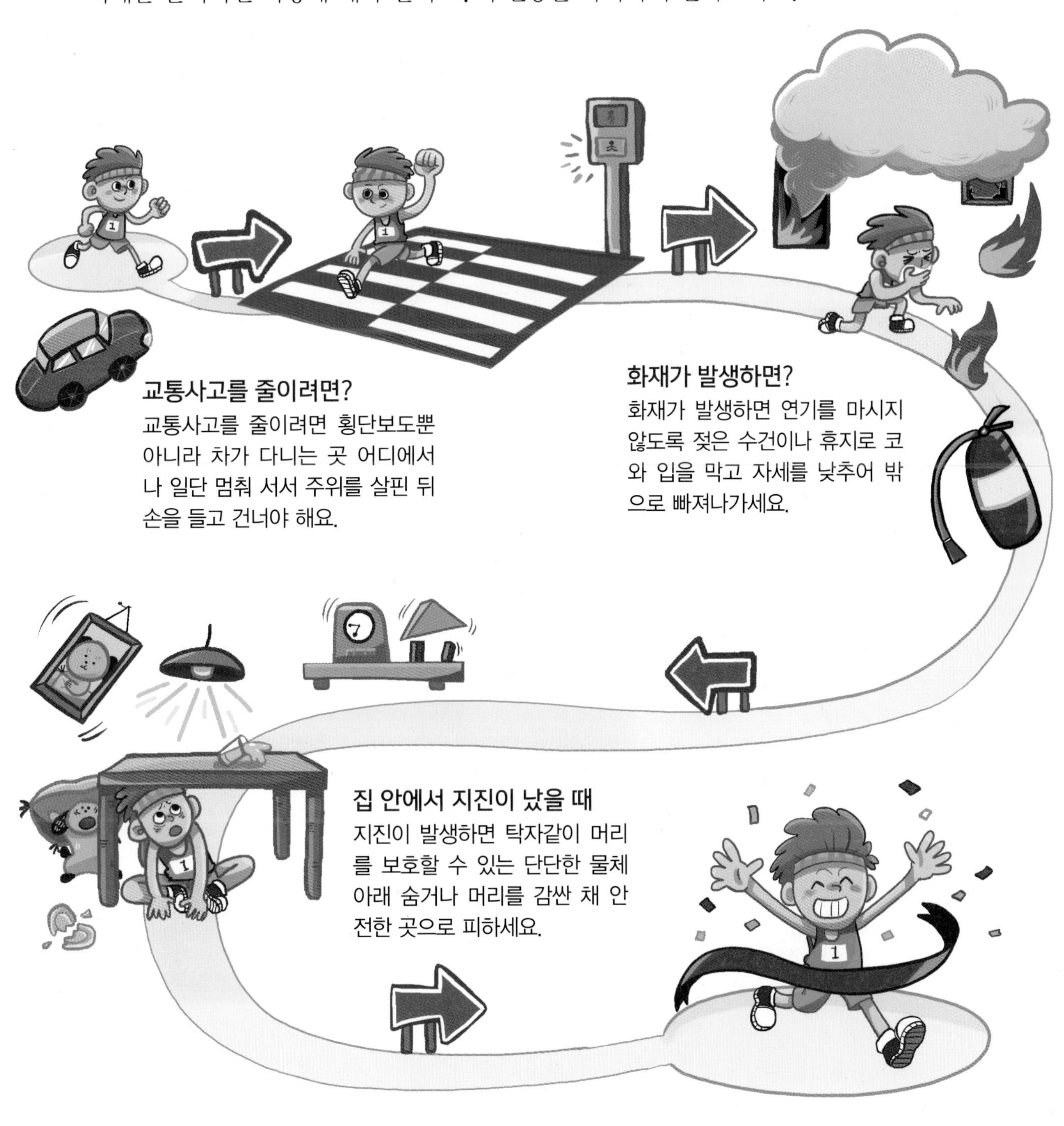

교통사고를 줄이려면?

교통사고를 줄이려면 횡단보도뿐 아니라 차가 다니는 곳 어디에서나 일단 멈춰 서서 주위를 살핀 뒤 손을 들고 건너야 해요.

화재가 발생하면?

화재가 발생하면 연기를 마시지 않도록 젖은 수건이나 휴지로 코와 입을 막고 자세를 낮추어 밖으로 빠져나가세요.

집 안에서 지진이 났을 때

지진이 발생하면 탁자같이 머리를 보호할 수 있는 단단한 물체 아래 숨거나 머리를 감싼 채 안전한 곳으로 피하세요.

1 빈칸에 알맞은 낱말을 찾아 선으로 연결해 보세요.

부모님이 체험 학습에 함께 간 ☐이/가 있나요?	• •	사실
민호와 지수가 싸운 ☐은/는 좀 복잡해.	• •	사례
네가 그 친구를 놀린 게 ☐(이)야?	• •	사연

2 속뜻 짐작 십자말풀이의 빈칸에 알맞은 낱말을 써 보세요.

①①				
	②		③	
②			③	

가로 열쇠

① 회사나 가게를 차려서 돈을 버는 일

② 어떤 일을 벌이는 것

③ 사회적으로 문제를 일으킨 일

세로 열쇠

① 일의 항목이나 내용 예 주의 ○○

② 곡물이나 채소를 기르는 일

③ 끼니로 음식을 먹는 일이나 그 음식

3 속뜻 짐작 그림을 보고 (   )에 들어갈 낱말을 골라 ○ 해 보세요.

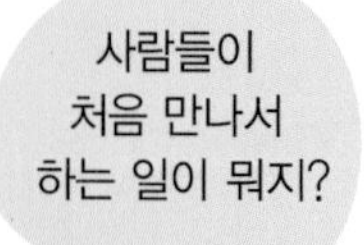

모두가 반갑게

(**형사** / **인사**)를

하고 있어요.

사람들은 다양한 일을 하며 살아요. 하는 일에 따라 직업 이름도 다르지요.
다양한 직업을 영어로 어떻게 표현하는지 알아볼까요?

businessman

businessman은 '회사원'이에요. 회사원은 보통 한 달에 한 번 월급(salary)을 받아요. '아빠는 회사원이에요.'라고 말하려면 'My father is a businessman.'이라고 해요.

teacher

teacher는 가르치는 일을 하는 사람, 즉 '선생님'이에요. '가르치다'라는 뜻을 가진 teach에 '~하는 사람'을 뜻하는 -er이 붙어 teacher가 됐어요.

1주 3일
학습 끝!

붙임 딱지 붙여요.

entertainer

entertainer는 TV나 극장에서 볼 수 있는 '연예인'이에요. 이 중에는 노래를 부르는 가수(singer)와 연기를 하는 배우(actor) 등이 있어요.

driver

driver는 운전하는 일을 하는 사람, 즉 '운전사'예요. '운전하다'라는 뜻을 가진 drive에 '~하는 사람'을 뜻하는 -er이 붙어 driver가 됐지요. '택시 운전사'는 taxi driver라고 한답니다.

04
공부한 날짜
월 일

1주

기(旗)가 들어간 낱말 찾기

항복!

항복이라고!

백기를 들어야
항복이지~.

기 旗
기 기
flag
만국기 萬國旗
오륜기 五輪旗
the Olympic flag
국기 國旗
national flag
태극기
성조기
일장기
백기 白旗
white flag
깃대 旗-
flagpole
깃발 旗-
flag
기치 旗幟
motto
깃봉 旗-
기신호 旗信號
기수 旗手

1 각 배에 적힌 낱말과 그에 알맞은 낱말 풀이가 적힌 깃발을 찾아서 선으로 연결해 주세요.

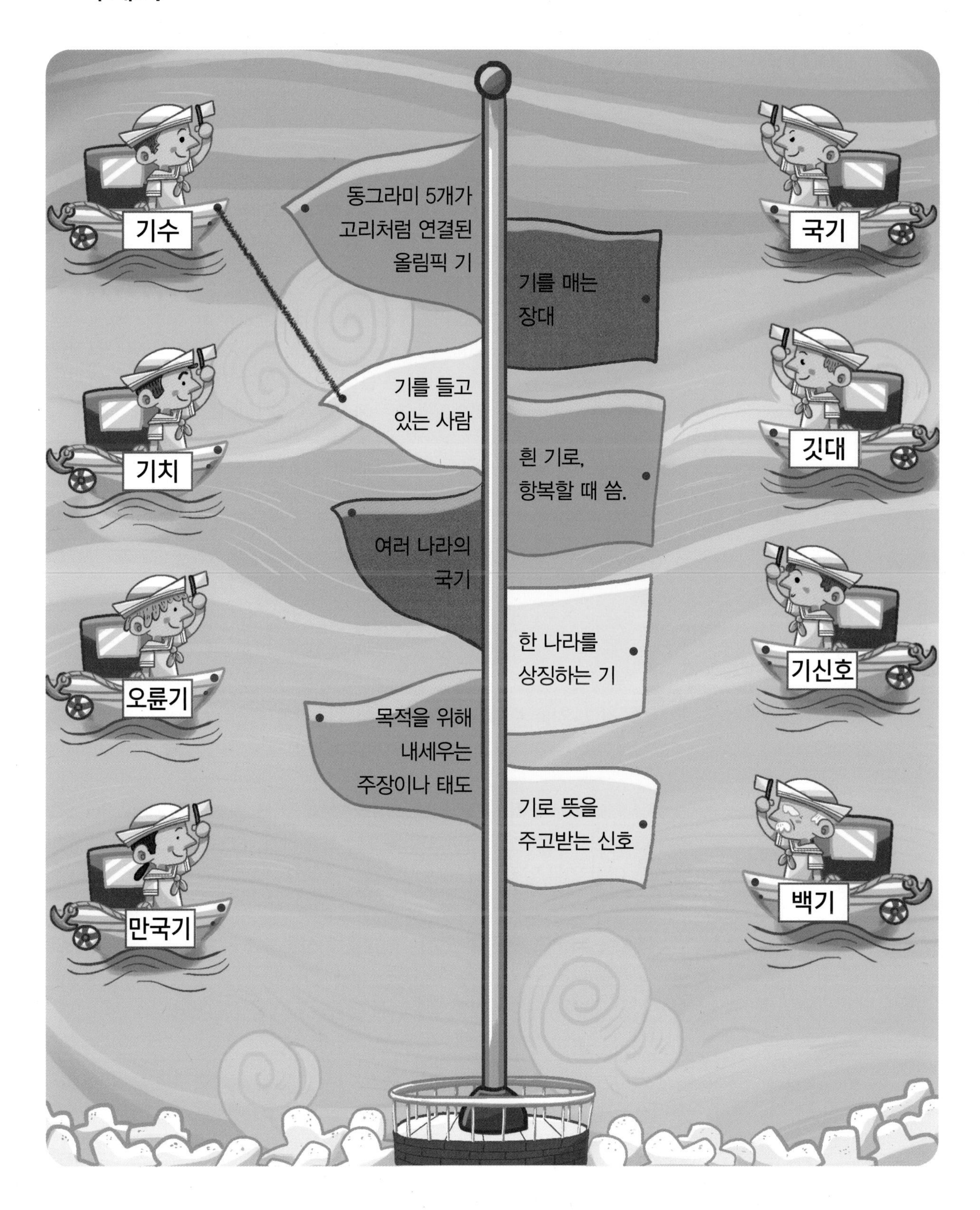

국기
國(나라 국) 旗(기 기)

한 나라를 상징하는 기는 '나라 국(國)' 자를 써서 **국기**라고 해요. 우리나라 국기는 태극무늬가 있는 '태극기'예요. 일본 국기는 '일장기', 미국 국기는 별(별 성, 星)과 줄무늬(조목/가지 조, 條)가 있어서 '성조기'라고 불러요.

만국기
萬(일만 만) 國(나라 국) 旗(기 기)

만국기는 태극기와 일장기, 성조기를 비롯해 세계 여러 나라의 국기를 말해요. '만국'에 쓰인 '일만 만(萬)' 자는 '매우 많다'는 뜻도 있지요. 만국기는 운동회나 축제 등을 꾸밀 때 써요.

오륜기
五(다섯 오) 輪(바퀴 륜/윤) 旗(기 기)

오륜기는 올림픽을 나타내는 기예요. 오륜기에는 파랑, 노랑, 검정, 초록, 빨강의 다섯 가지(다섯 오, 五) 바퀴 모양(바퀴 륜/윤, 輪) 동그라미가 겹쳐 있어요. 이 동그라미들은 지구에 있는 다섯 대륙을 나타내요.

백기
白(흰 백) 旗(기 기)

백기는 흰색(흰 백, 白) 기로, 먼 옛날부터 상대에게 항복했다는 뜻을 전할 때 사용했어요. '백기를 들었다.'라고 하면 항복했으니 공격을 멈춰 달라는 뜻이에요.

깃대/깃발
旗(기 기)

태극기를 달아 본 적이 있나요? 기를 달려면 세 가지가 필요해요. 기를 매다는 장대인 **깃대**와 천이나 종이로 만든 **깃발**, 그리고 깃대 끝을 꾸미는 '깃봉'이지요. 깃대, 깃발, 깃봉은 모두 '기 기(旗)' 자와 한글을 합친 낱말로, 글자 사이에 'ㅅ(사이시옷)'이 들어가요.

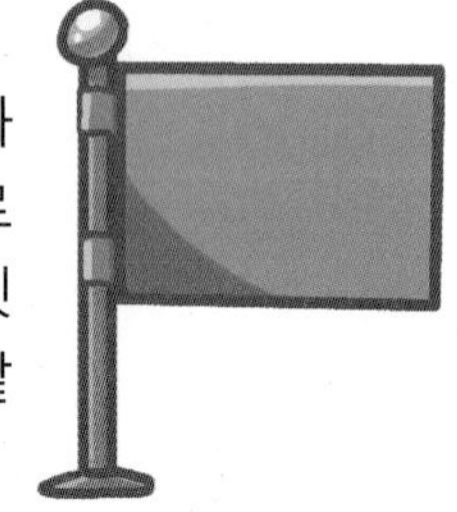

기수
旗(기 기) 手(손 수)

올림픽 등에서 각 나라 대표들이 행진할 때 기를 들고 앞장서서 가는 사람을 본 적이 있지요? 이런 사람을 **기수**라고 해요. 하지만 깃발을 들지 않아도 어떤 일을 앞장서서 하는 사람을 '기수'라고 부르기도 해요.

기신호
旗(기 기) 信(믿을 신) 號(이름 호)

깃발을 사용해 뜻을 주고받는 신호를 **기신호**라고 해요. 바다 등에서 서로 신호를 보낼 때 쓰는 수기 신호가 대표적이지요. 수기 신호는 빨간 깃발과 하얀 깃발을 규칙에 따라 휘둘러서 다양한 의미를 전달해요.

기치
旗(기 기) 幟(기 치)

기치는 옛날에 군대에서 쓰던 여러 가지 깃발을 통틀어 일컫는 말이에요. 군대는 기치를 기준으로 움직였지요. 그래서 요즘에는 '기치'를 따라야 할 목표나 주장을 가리키는 말로 써요.

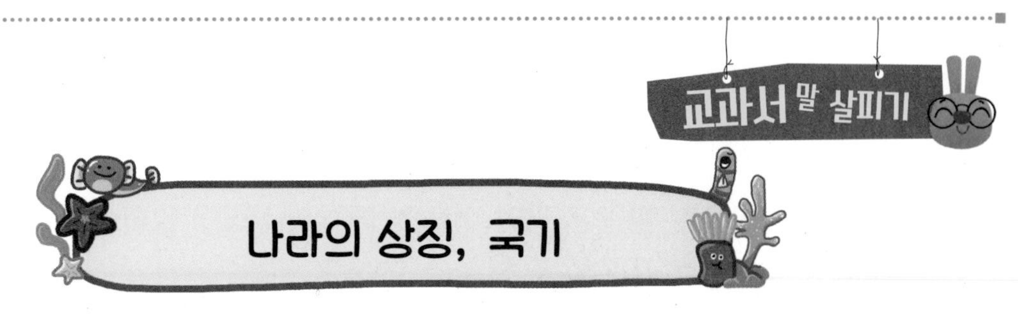

한 나라를 상징하는 국기는 저마다 유래가 있어요. 어떤 나라는 조상들이 쓰던 깃발을 응용해 만들고, 어떤 나라는 그 나라가 가장 중요하게 여기는 생각이나 사실을 담아 꾸미지요. 그러면 우리나라 국기인 태극기는 어떻게 만들어졌을까요?

태극기는 1882년에 처음 만들어졌어요. 나라를 대표해 일본으로 가던 박영효 일행이 태극무늬와 4괘를 넣은 국기를 만들었지요. 그리고 이듬해인 1883년, 고종은 이 국기를 우리나라 국기로 선포했어요. 이후 태극무늬와 괘 모양 등이 조금씩 변화되다가, 해방 후인 1949년, 마침내 오늘날의 태극기 모양이 완성되었답니다. 긴 세월에 걸쳐 완성된 태극기, 그 안에는 어떤 의미가 담겨 있는지 알아볼까요?

〈태극기에 담긴 뜻〉

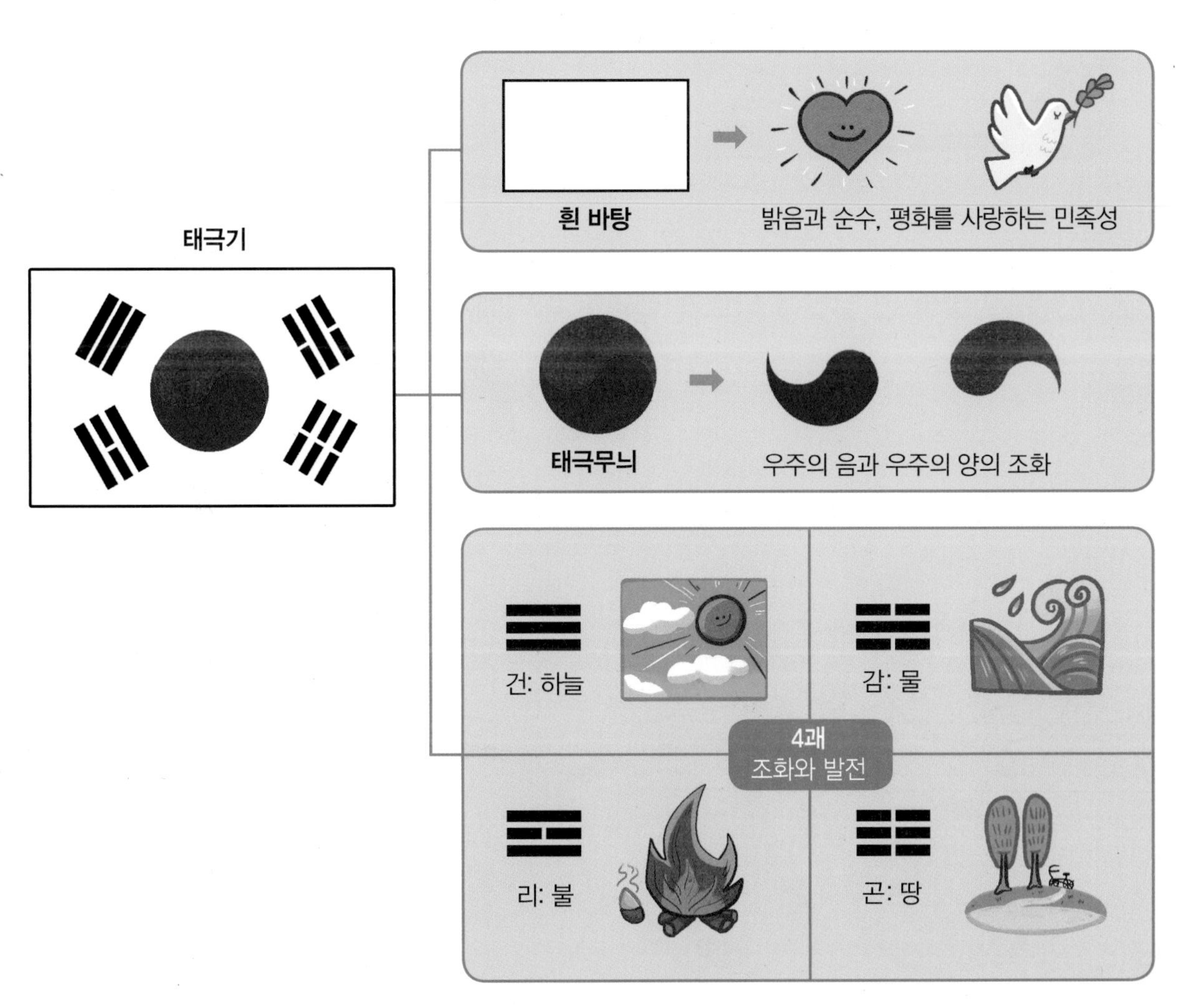

1 기신호에 필요한 빨간 깃발이 어느 방에 있을까요? 밑줄 친 낱말이 바르게 쓰인 칸을 따라가면 빨간 깃발을 찾을 수 있어요.

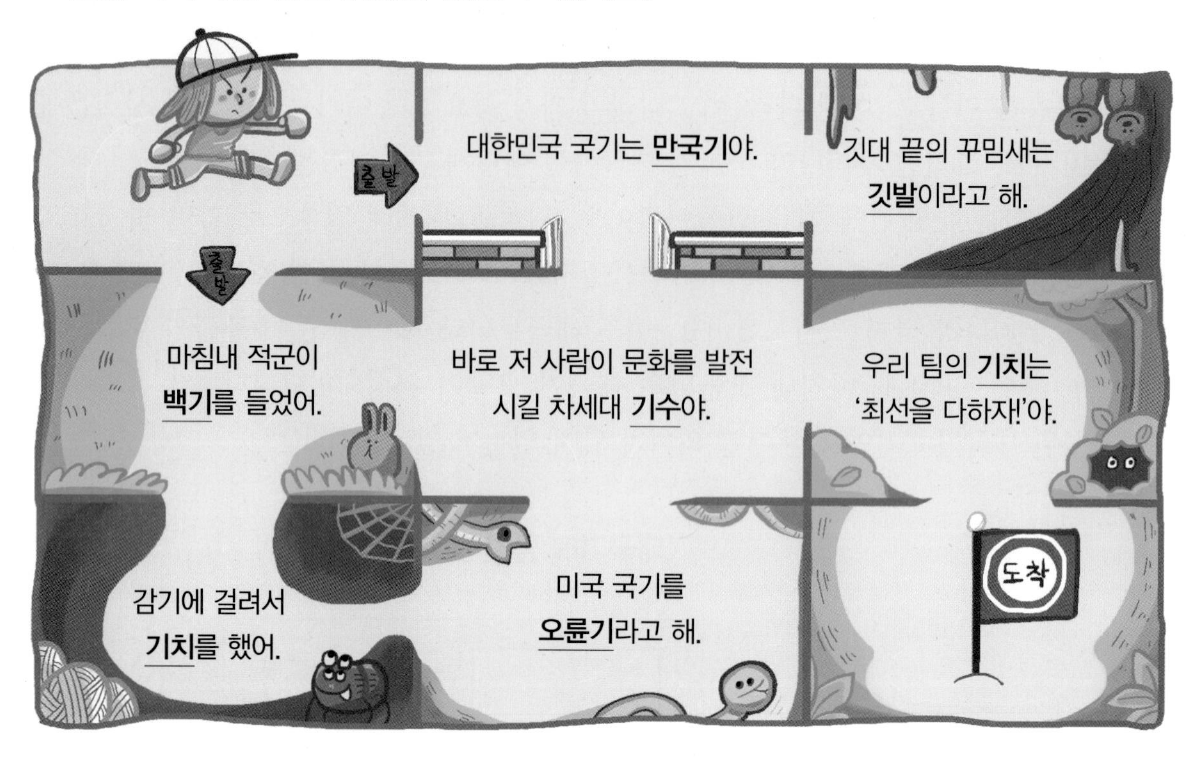

2 속뜻 짐작 밑줄 친 낱말을 바르게 설명한 아이에게 붙임 딱지를 붙여 주세요.

우리나라 국기는 '태극기'라고 하고 영어로 Taegeukgi라고 써요.
세계의 다른 나라 국기를 영어로 배워 볼까요?

Stars and Stripes

미국 국기는 '성조기'라고 하고, 영어로 Stars and Stripes라고 써요. 국기 왼쪽에는 별(star)이 있는데, 이것은 미국에 있는 주(state)를 의미해요. 미국에는 총 50개 주가 있어서 별이 모두 50개예요. 그리고 13개의 가로줄 무늬가 있어요. '줄무늬'를 stripe라고 하는데, 성조기에는 별과 줄무늬가 있어서 Stars and Stripes라고 부른답니다.

Union Jack

영국 국기는 '유니언 잭'이라고 부르고, Union Jack이라고 써요. union은 '조합'이라는 뜻인데, 영국 국기는 잉글랜드, 스코틀랜드, 아일랜드를 상징하는 십자가를 조합해 만들었지요. jack은 배 앞머리에 올리는 깃발을 가리켜요. 섬나라 영국은 잉글랜드, 스코틀랜드, 아일랜드 조합 깃발을 배에 달고 세계 곳곳을 항해했어요. 그래서 영국 국기가 Union Jack이 된 거예요.

1주 4일
학습 끝!
붙임 딱지 붙여요.

Tricolor

tricolor는 '삼색기'를 뜻해요. 삼색기는 세 가지 빛깔로 된 기예요. 유명한 삼색기에는 프랑스 국기가 있어요. 프랑스 국기는 파랑, 하양, 빨강으로 되어 있는데, 각각 자유, 평등, 박애를 상징해요. 프랑스 외에 이탈리아, 독일, 벨기에 국기도 삼색기예요.

05 1주 세(世)가 들어간 낱말 찾기

공부한 날짜 월 일

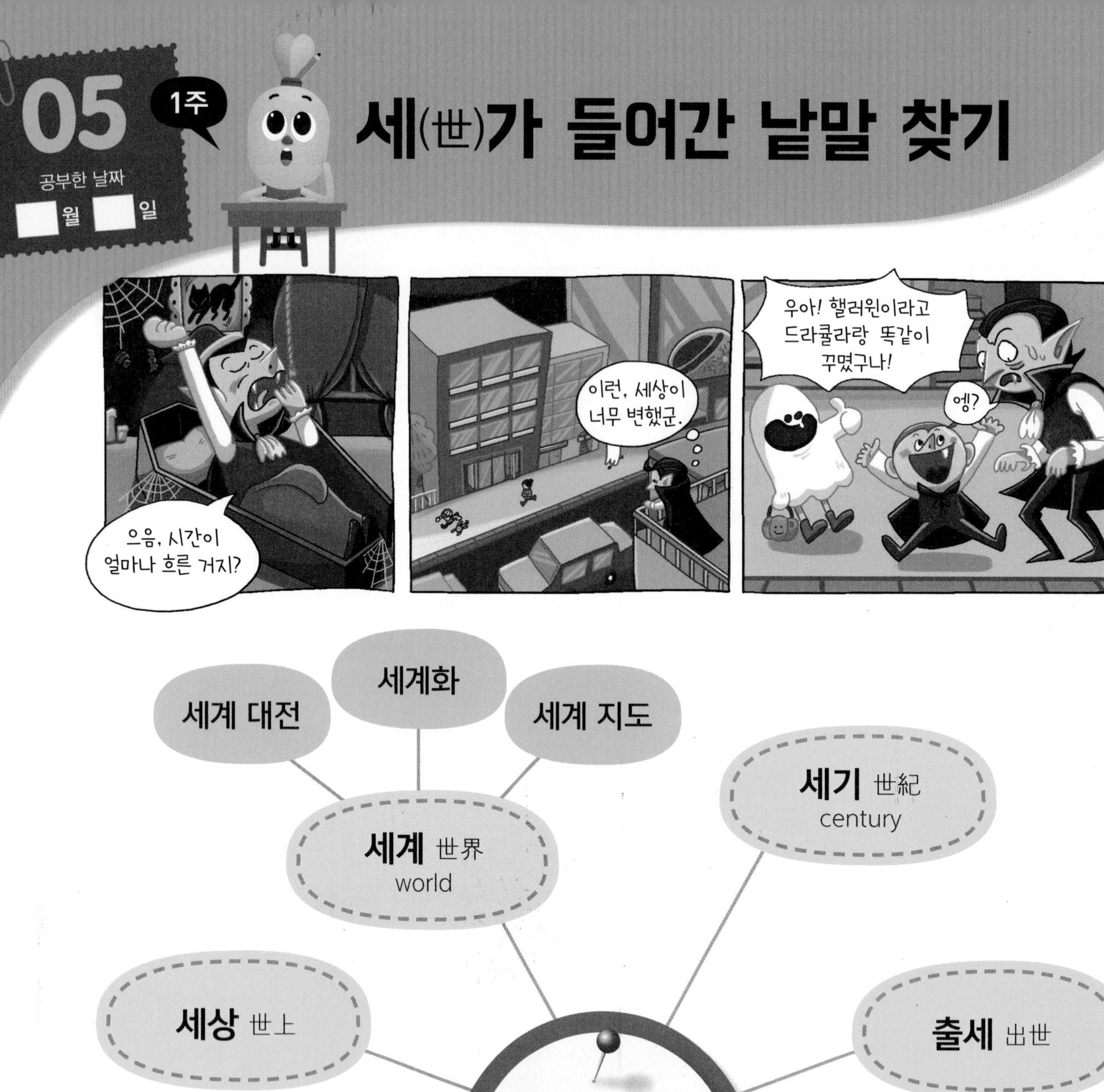

'세(世)' 자에는 세계처럼 '세상'이라는 뜻과 구세대, 신세대처럼 '세대'라는 뜻이 있어요.

1 낱말 사전에 빠진 글자들이 있어요. 낱말 풀이를 보고, 빈칸에 들어갈 알맞은 글자를 붙임 딱지에서 찾아 붙여 주세요.

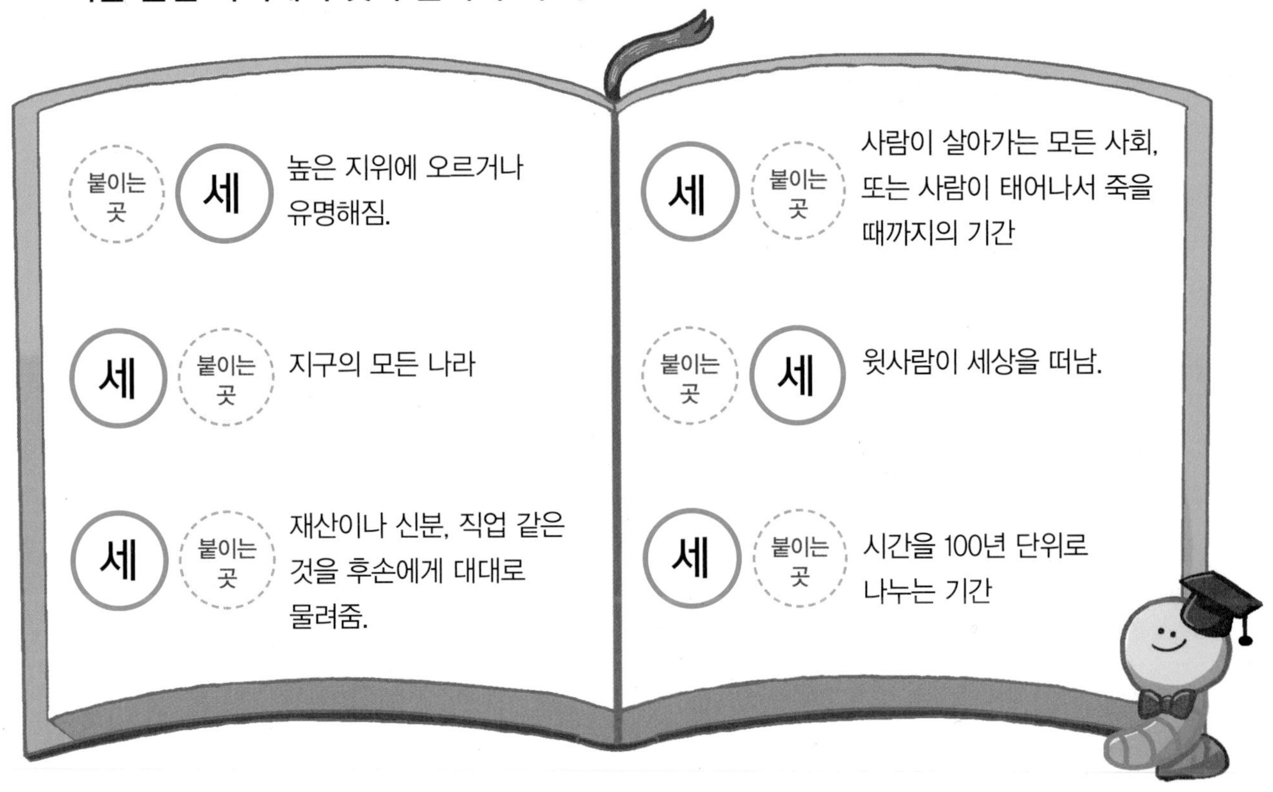

2 두 사람이 각자 자신을 소개하고 있어요. 빈칸에 알맞은 낱말 카드를 골라 색칠해 보세요.

익숙한 말 살피기

세상
世(세상 세) 上(위 상)

세상은 우리가 살고 있는 모든 사회를 통틀어 이르는 말이에요. 이런 뜻일 때는 고유어 '누리'와 같아서, '온 세상이 하얗다.'라고 하면 '온 누리가 하얗다.'로 바꿔 쓸 수 있지요.

세계
世(세상 세) 界(지경 계)

세계는 지구에 있는 모든 나라와 사회를 말해요. 그래서 여러 나라가 싸운 큰(큰 대, 大) 전쟁(싸움 전, 戰)을 '세계 대전'이라고 하고, 교통과 통신의 발달로 세계가 더 가까워진 것을 '세계화', 지구 위 모든 나라를 그린 지도를 '세계 지도'라고 해요.

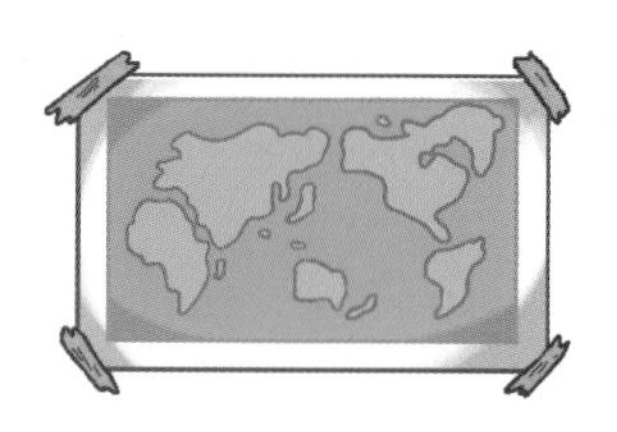

세기
世(세상 세) 紀(벼리 기)

세기는 시간을 100년 단위로 나눠서 구분한 거예요. 1세기는 1년~100년, 2세기는 101년~200년이고, 21세기는 2001년~2100년이지요. 만일 '세기의 걸작'이라고 하면, 그 세기를 대표할 만큼 뛰어난 작품이라는 뜻이에요.

출세
出(날 출) 世(세상 세)

사회적으로 높은 지위에 오르거나 유명해지는 것을 세상(세상 세, 世)으로 나갔다(날 출, 出)는 의미로 **출세**했다고 해요. '성공'과 비슷하게 쓰여요.

별세
別(다를 별) 世(세상 세)

누군가와 헤어지는 걸 '이별'이라고 하지요? 이때 쓰인 '다를 별(別)' 자에는 '헤어지다'라는 뜻이 있어요. 그래서 **별세**는 '세상과 헤어지는 일' 즉, 세상을 떠난다는 말이에요. 주로 윗사람이 돌아가셨을 때 써요.

세태
世(세상 세) 態(모양 태)

세태는 세상(세상 세, 世)의 형편이나 모습(모양 태, 態)이에요. 생명을 하찮게 여기는 세태나 온라인 속 가상 현실을 좋아하는 세태 등 지금 사는 모습이 바로 세태예요.

구세대/신세대
舊(옛 구) 世(세상 세) 代(대신할 대)
新(새로울 신)

세대는 비슷한 경험과 생각을 갖는 비슷한 나이의 사람을 가리켜요. 보통 아이가 어른이 될 때까지 걸리는 30년 정도가 한 세대이지요. 나이 든 세대는 '옛 구(舊)' 자를 넣어 **구세대**라고 하고, 젊은 세대는 '새로울 신(新)' 자를 넣어 **신세대**라고 해요.

세습
世(세상 세) 襲(엄습할 습)

옛날에는 왕이 자식에게 왕 자리를 그대로 물려주었어요. 이렇게 재산, 신분 등을 대대로 물려주는 것을 **세습**이라고 해요. 이때 '엄습할 습(襲)' 자는 '물려받다'라는 뜻으로 쓰였어요.

세계화에 따른 변화

요즘에는 비행기와 기차, 배 같은 교통이 매우 발달되어 있어요. 전화나 인터넷도 발달했고요. 그 덕분에 세계 여러 나라는 서로 활발하게 오가며 다른 나라 일을 함께 해결하고, 다른 나라 문화를 받아들이고 있어요. 이렇게 세계 여러 나라가 가깝게 되는 것을 '세계화'라고 해요. 세계화를 통해 어떤 점들이 달라졌는지 알아볼까요?

〈세계화로 인한 변화〉

① 물건 교류

세계화를 통해 우리는 다른 나라 제품을
우리나라 안에서 쉽게 살 수 있어요.

② 문화 교류

우리나라가 만든 드라마나 노래를
세계인들이 함께 좋아하며 즐겨요.

③ 세계가 함께 문제 해결

지구 온난화처럼 전 세계적인 문제는
각국 대표들이 모여 회의를 통해
함께 해결해요.

1 그림을 보고, 빈칸에 어울리는 낱말을 찾아 ○ 하세요.

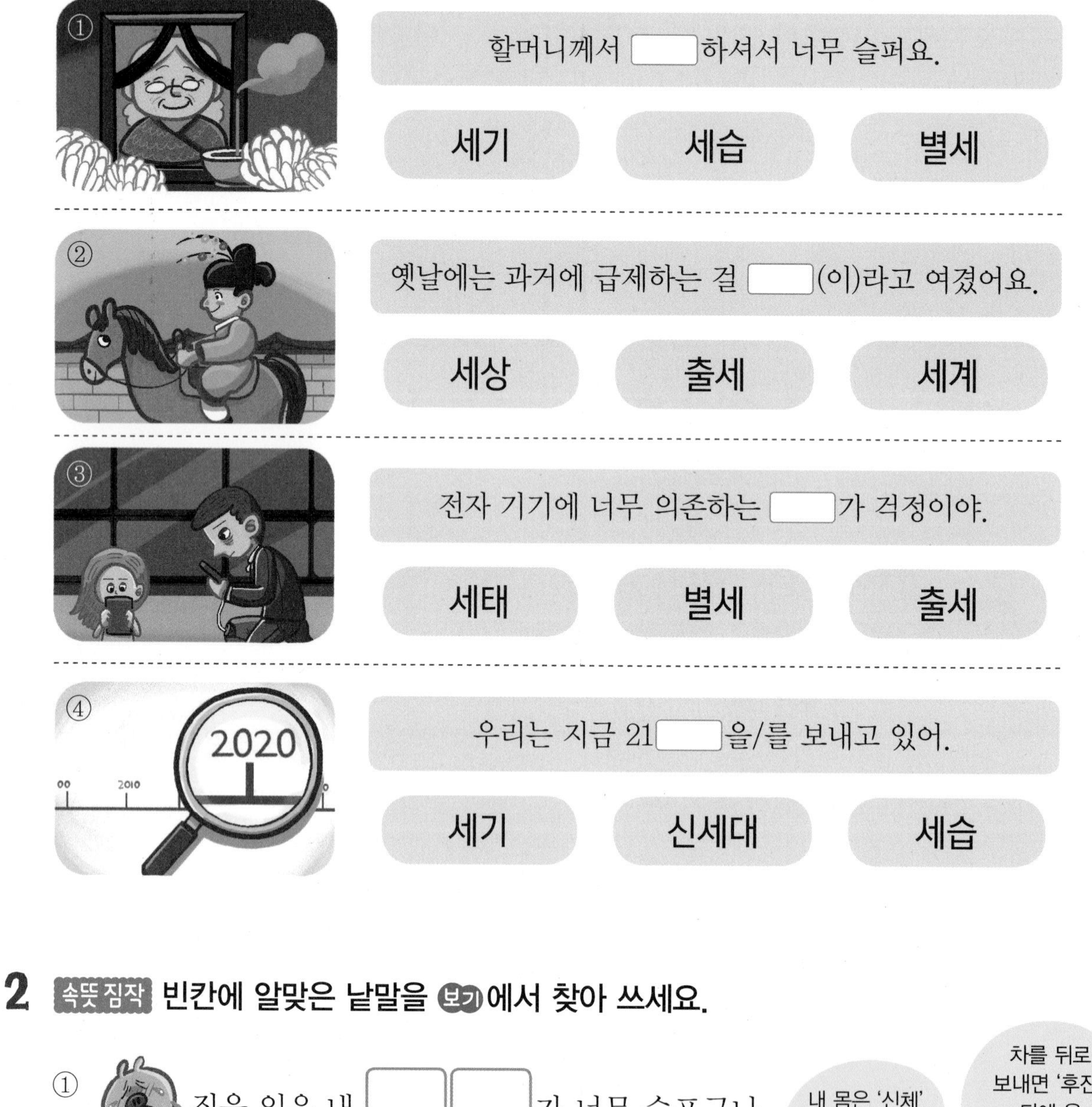

2 속뜻 짐작 빈칸에 알맞은 낱말을 보기에서 찾아 쓰세요.

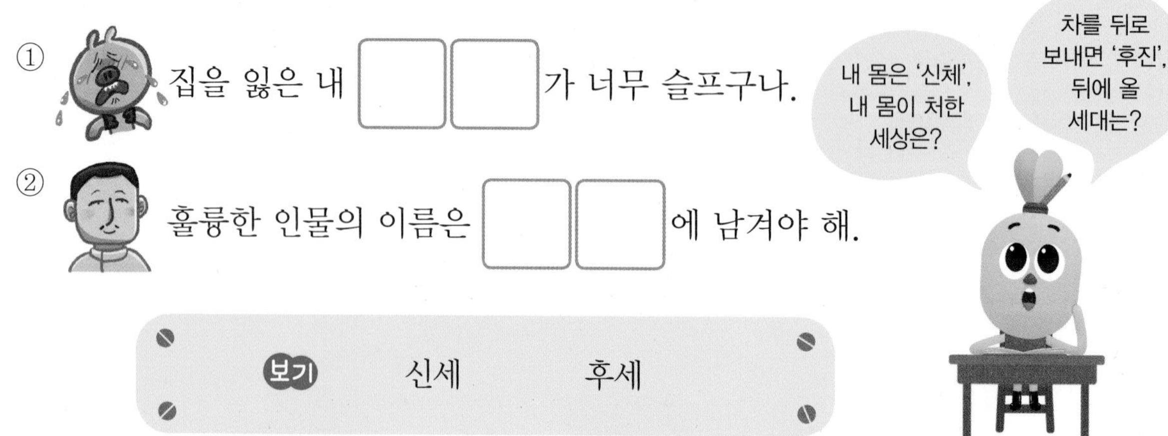

여러 나라들이 세계의 많은 문제를 해결하기 위해 특별한 기구를 만들었어요.
세계가 힘을 모아 만든 다양한 국제기구를 알아볼까요?

UN

UN은 United Nations의 줄인 말이에요. 나라들의 모임이란 뜻으로, '국제 연합'이라고 부르지요. UN은 세계 평화와 각 나라의 경제적 자립을 돕는 기구로, 190여 개의 나라가 가입했어요.

WTO

WTO는 '세계 무역 기구'로 World Trade Organization의 줄인 말이에요. trade는 '무역', organization은 '단체'라는 뜻이 있어요. WTO는 나라들이 무역을 하다가 다툼이 생기면 조정하는 역할을 해요.

1주 5일 학습 끝!

붙임 딱지 붙여요.

WHO

WHO는 '세계 보건 기구'로 World Health Organization의 줄인 말이에요. 세계 보건 기구는 보건 부문 발전을 위해 전염병 퇴치 활동 및 다른 나라를 도와주는 원조 활동 등을 하고 있어요.

IMF

IMF는 '국제 통화 기금'으로 International Monetary Fund의 줄인 말이에요. 가입국들이 돈을 내서 각 나라가 필요할 때 이용하도록 한 국제 금융 기관이에요. 우리나라도 1997년에 IMF의 도움을 받았어요.

QR 찍고 발음 듣기

삼공이 결혼을 주관한 '공주'

공주(공평할 공 公, 주인 주 主): 왕의 딸을 말해요.

06 2주

공부한 날짜 월 일

전(電)이 들어간 낱말 찾기

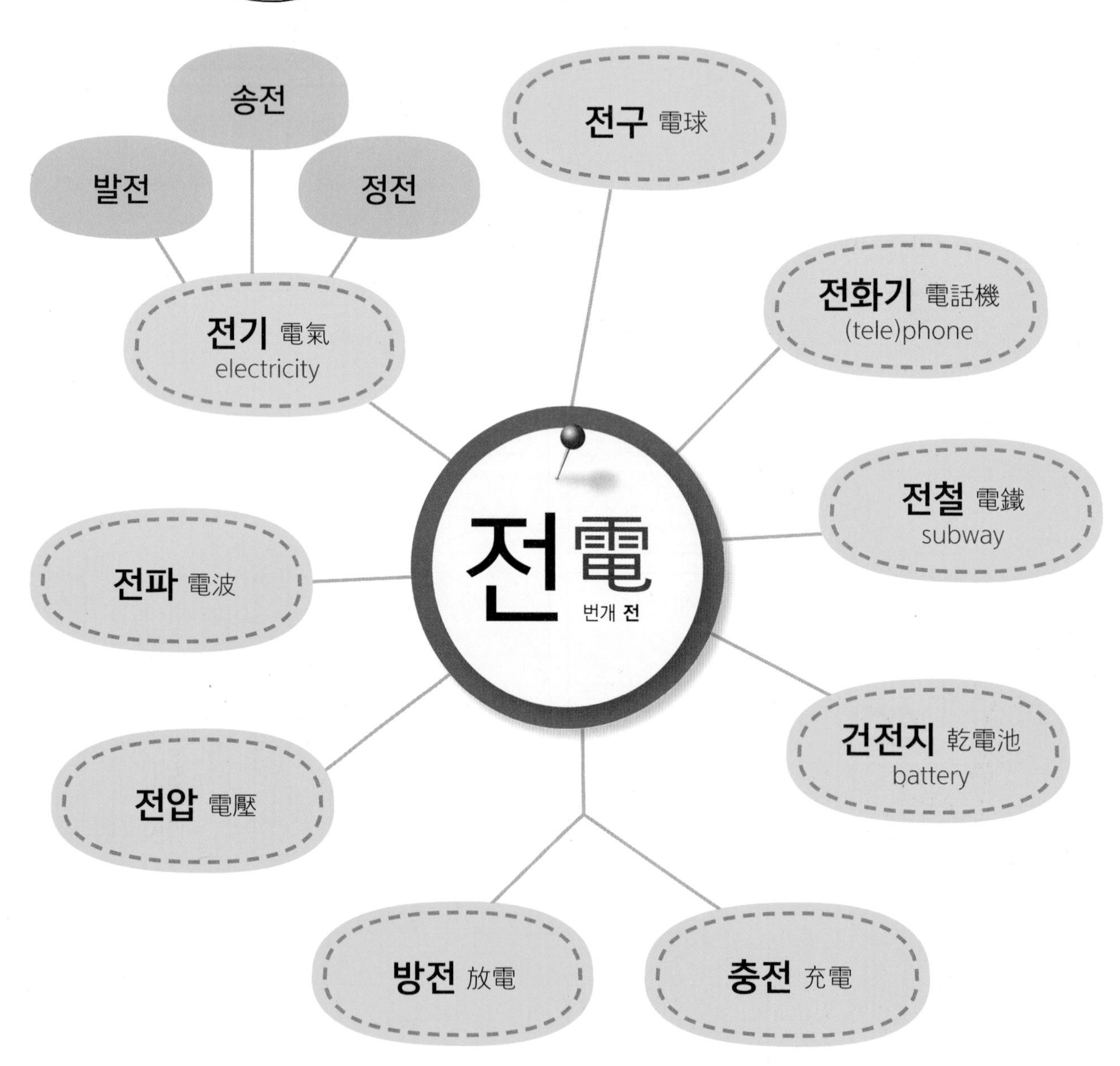

1 그림 속에 글자 여섯 개가 숨어 있어요. 그림 속 글자를 찾아서 빈칸 가운데 알맞은 곳에 써 주세요.

스위치를 켜면 빛을 내는 것으로, 백열 전□, 수은 전□ 등이 있어요.

전	□

전기 철로를 달리는 차로, 우리나라에도 있어요.

전	□

전기를 일으키는 것으로, 수력 □전, 화력 □전 등이 있어요.

□	전

배터리 등을 다 써서 다시 에너지 모으는 일을 뭐라고 하나요?

□	전

전기가 들어 있어서 시계나 장난감 등에 끼면 기계가 돌아가게 하는 물건이에요.

□	전	지

떨어져 있는 사람끼리 대화하게 해 주는 기계예요.

전	화	□

전기
電(번개 전) 氣(기운 기)

혹시 옷을 입고 벗을 때 정전기를 느껴 본 적이 있나요? 이렇게 번개(번개 전, 電)처럼 찌릿찌릿한 느낌이 나게 하는 힘(기운 기, 氣)을 **전기**라고 해요. 전기를 만들어 내는 것은 '필 발(發)' 자를 써서 '발전'이라고 하고, 전기를 다른 곳에 보내는(보낼 송, 送) 것은 '송전', 전기가 갑자기 멈추는(머무를 정, 停) 것은 '정전'이라고 해요.

전구
電(번개 전) 球(공 구)

전기는 빛, 열, 힘 등 다양한 모습으로 바뀌어요. 그중 **전구**는 전기의 힘을 빛으로 바꿔 주는 물건이지요. 과거에는 동그란 공(공 구, 球) 모양이었기 때문에 전구라고 부르게 되었어요.

전화기
電(번개 전) 話(말씀 화) 機(베틀/기계 기)

전화기는 전기의 힘을 빌려 멀리 떨어진 사람들이 대화하게 만든 기계예요. 예전에는 주로 선(줄 선, 線)이 있는(있을 유, 有) 유선 전화기를 썼지만, 지금은 대부분 휴대 전화를 써요.

전철
電(번개 전) 鐵(쇠 철)

전철은 전기 철도 위를 달리는 전동차예요. 전철은 전기가 내는 힘으로 움직여서 대기를 오염시키는 물질이 거의 나오지 않아요.

건전지
乾(하늘 건) 電(번개 전) 池(못 지)

'전지'는 전기를 모아 놓는 연못(못 지, 池) 같은 물건이에요. 전지들 가운데 액체를 넣지 않고 사용하기 편하게 만든 전지를 '마르다'라는 뜻이 있는 '하늘 건(乾)' 자를 써서 **건전지**라고 해요.

충전/방전
充(채울 충) 電(번개 전) 放(놓을 방)

스마트폰 충전기는 많이 봤지요? 이처럼 전기를 채우는(채울 충, 充) 것은 **충전**이라고 하고, 반대로 전기가 물체 밖으로 흘러 나가는 것은 '놓을 방(放)' 자를 붙여 **방전**이라고 해요.

전압
電(번개 전) 壓(누를 압)

전압은 전기가 얼마나 세게 흐르는지 나타낸 거예요. 숫자가 클수록 높은 전압이고 숫자가 작을수록 낮은 전압이지요. 전봇대 등에 걸려 있는 전선은 높은(높을 고, 高) 전압이 흐르는 '고압 전선'이에요.

전파
電(번개 전) 波(물결 파)

전파는 공기 속을 물결처럼 움직이면서 전달되는 전기의 파동이에요. 라디오나 무선 전화 등에 쓰지요. 전파는 1초 동안 얼마나 자주 오르내리는지에 따라 3~3,000에 이르는 주파수가 정해져요.

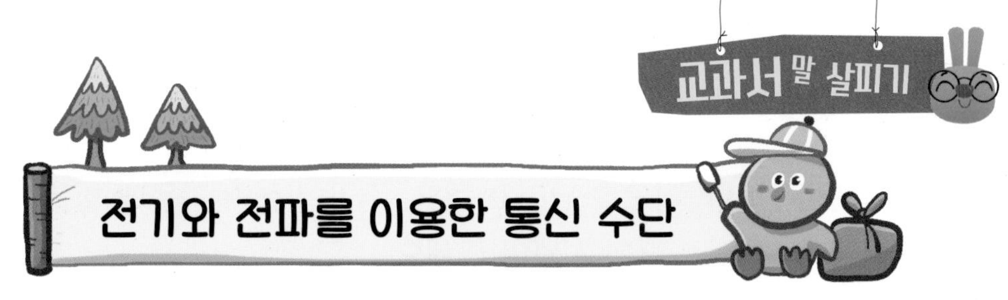

전기와 전파를 이용한 통신 수단

옛날에는 멀리 떨어져 있는 사람과 이야기하고 싶을 때 편지를 썼어요. 나라에 급한 일이 생기면 높은 산에서 연기를 피워 멀리까지 알렸고요. 그런데 전기와 전화기가 발명되면서 이런 불편은 없어졌어요. 이젠 전화만 하면 아무리 멀어도 소식을 전할 수 있게 되었거든요. 짧은 시간 동안 빠르게 발전한 다양한 통신 수단에 대해 알아봅시다.

① 전화기

전화기는 1876년 미국에서 발명되었어요. 우리나라는 1896년경 최초로 전화기를 설치했고, 1960년 이후에야 널리 사용하게 되었어요.

② 휴대 전화

오늘날 우리가 사용하는 휴대 전화는 음성 통화와 문자 메시지뿐만 아니라 영상 통화, 인터넷 접속까지 가능해요.

③ 텔레비전

텔레비전은 1920년대에 영국에서 처음 발명되었고, 발전을 거듭해서 이제는 우리 생활과 밀접한 통신 수단이자 오락거리가 되었어요.

④ 길도우미(내비게이션)

길도우미는 모르는 길을 안내해 주는 기계인데, 전파로 나의 위치를 받아 지도 위에 표시하면서 가야 할 길을 안내해 주어요.

속뜻 짐작 능력 테스트

1 가게 주인이 라디오를 팔려고 해요. 주인의 설명 가운데 잘못된 낱말을 찾아낸 손님에게 붙임 딱지를 붙여 주세요.

2 속뜻 짐작 밑줄 친 말이 가리키는 낱말을 찾아 선으로 이어 주세요.

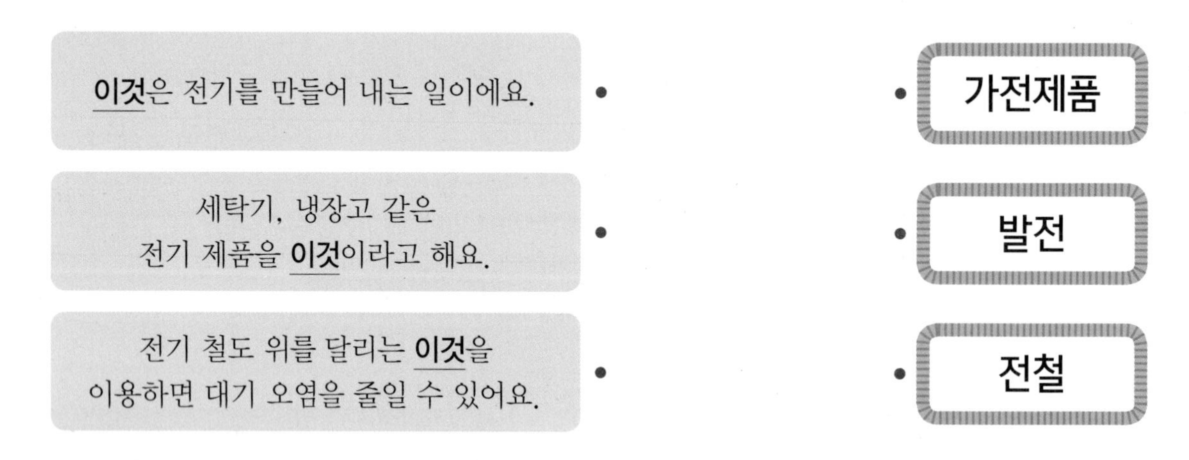

3 속뜻 짐작 다음은 어떤 낱말을 검색한 것일까요? (　　　)

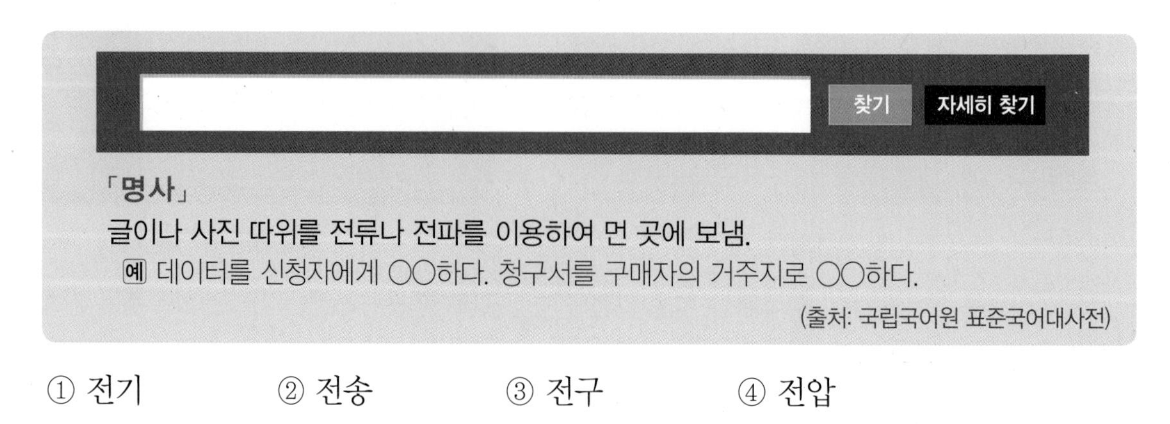

① 전기　② 전송　③ 전구　④ 전압

우리 집에는 전기의 힘으로 움직이는 것들이 아주 많아요.
어떤 것이 있는지 영어로 알아볼까요?

air conditioner

'공기'인 air와 '상태를 조절하는 장치'인 conditioner가 합쳐진 air conditioner는 여름철에 자주 쓰는 '에어컨디셔너'예요. 에어컨디셔너는 줄인 말인 '에어컨'으로 더 자주 쓰이지요. '에어컨을 켜라.'라고 하려면 'Turn on the air conditioner.'라고 말해요.

telephone

telephone은 '멀리'를 뜻하는 tele-와 '소리'를 뜻하는 phone이 합쳐진 말로, 멀리 있는 사람과 말할 수 있는 '전화기'를 뜻해요. 휴대 전화는 cellular phone, cell phone, mobile phone 등으로 말해요.

TV

television은 보통 줄여서 TV라고 해요. TV는 '멀리'를 뜻하는 tele-와 '영상'을 뜻하는 vision이 만난 말로, 멀리서도 영상을 볼 수 있는 기계를 뜻해요. '텔레비전을 꺼라.'라고 말하려면, 'Turn off the TV.'라고 하면 돼요.

computer

computer는 다양한 작업을 처리하는 기계예요. 게임도 하고 음악도 듣고 검색도 하고 문서도 만들 수 있지요. '개인이 사용하는 컴퓨터'는 '개인의'라는 의미의 personal을 붙여 personal computer(PC)라고 해요.

2주 1일
학습 끝!
붙임 딱지 붙여요.

07 2주 감(感)이 들어간 낱말 찾기

공부한 날짜 월 일

1 영화 감상평을 싣는 누리집 게시판에 댓글이 달렸어요. 빈칸에 알맞은 말을 바로 옆 낱말 판에서 골라 ○ 해 보세요.

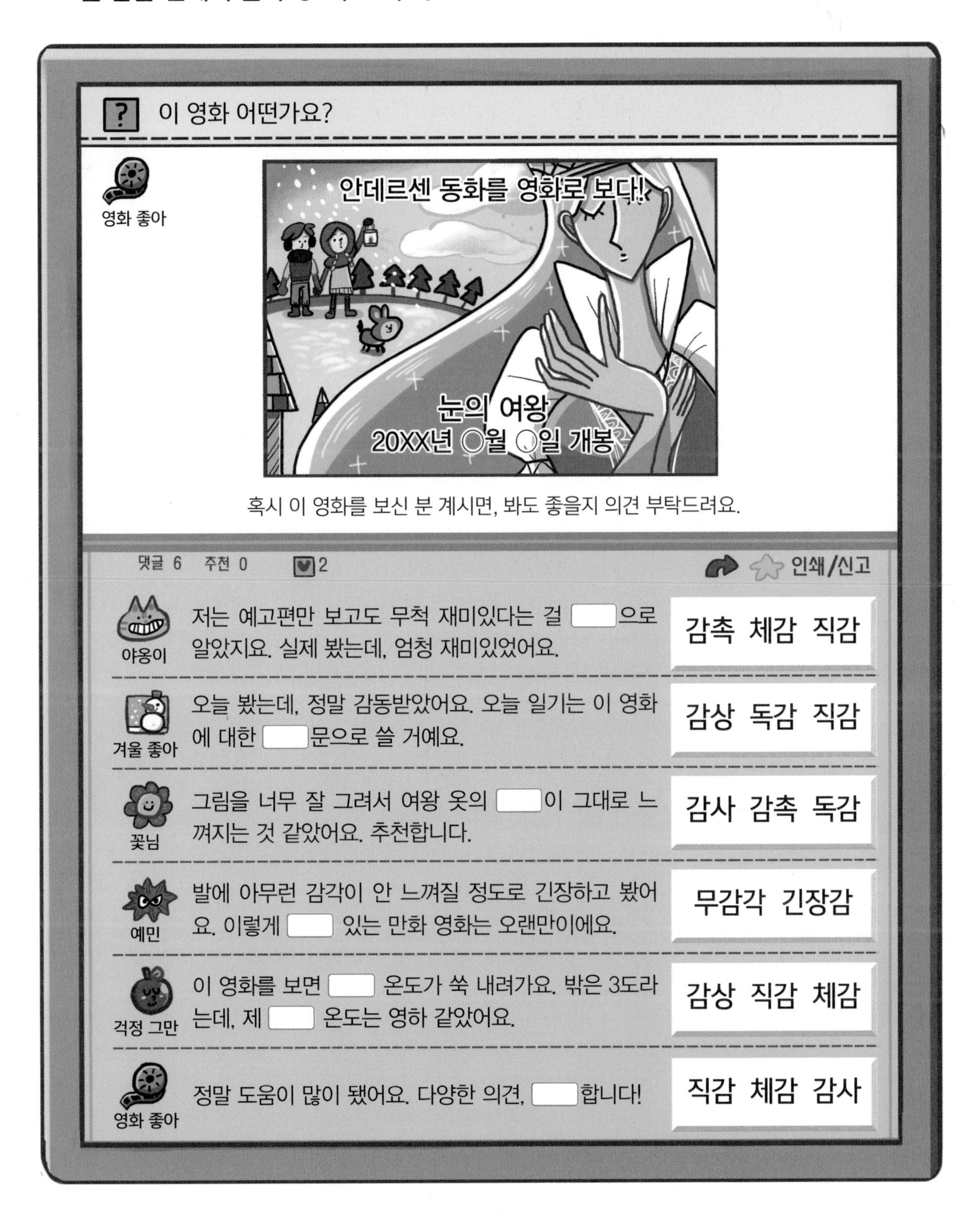

감상
感(느낄 감) 想(생각 상)

감상은 책이나 영화 등을 보고 나서 마음속에 떠오르는 느낌(느낄 감, 感)과 생각(생각 상, 想)이에요. 감상을 글로 쓴 것을 '글월 문(文)' 자를 붙여 '감상문'이라고 해요.

감촉
感(느낄 감) 觸(닿을 촉)

감촉은 피부가 무엇인가에 닿았을(닿을 촉, 觸) 때의 느낌(느낄 감, 感)이에요. '감촉이 부드럽다.'라고 하면 닿았을 때 느낌이 부드럽다는 뜻이지요. '촉감'과 바꿔 쓸 수 있어요.

체감
體(몸 체) 感(느낄 감)

겨울철 일기 예보에서 '체감 온도는 더 낮다.'라는 말을 들은 적이 있나요? 이 말은 몸으로 느껴지는 온도가 실제 온도보다 낮다는 뜻이에요. 이처럼 **체감**은 몸으로 어떤 감각을 느끼는 것이에요.

직감
直(곧을 직) 感(느낄 감)

부모님은 내가 거짓말을 하는지 참말을 하는지 묻지 않아도 바로 느끼세요. 이렇게 무언가에 대해 곧바로 느껴 아는 것을 '곧을 직(直)' 자를 써서 **직감**이라고 해요.

무감각
無(없을 무) 感(느낄 감) 覺(깨달을 각)

감각은 우리 몸의 눈, 코, 피부 등으로 느끼고 깨닫는 것이에요. 그런데 이런 감각을 느끼지 못하거나(없을 무, 無) 주변에 관심이 너무 없으면 **무감각**하다고 해요.

자신감/책임감
自(스스로 자) 信(믿을 신) 感(느낄 감)
責(꾸짖을 책) 任(맡길 임)

우리는 하루에도 여러 감정을 느껴요. 자신이 있는 느낌은 **자신감**, 책임을 져야겠다는 느낌은 **책임감**, 두근두근 긴장이 되는 느낌은 '긴장감'이라고 하지요. 이렇듯 우리는 '느낄 감(感)' 자를 넣어 다양한 느낌을 말할 수 있어요.

감사
感(느낄 감) 謝(사례할 사)

감사는 고맙게 느끼는 마음이에요. 고마운 마음을 돌이나 나무에 새겨 주는 것은 '감사패'라고 하고, 고마운 마음을 종이에 적어 주는 것은 '감사장'이라고 해요.

독감
毒(독 독) 感(느낄 감)

'느낄 감(感)' 자에는 '느낌이 통하다'라는 뜻이 있는데, 독이 통한 것처럼 아픈 병이 바로 **독감**이에요. 기침과 콧물 등 증상은 감기와 비슷하지만, 독감은 더 아프고 위험해요.

감각을 표현하는 말

킁킁! 코로 냄새만 맡아도 저녁 반찬이 무엇인지 알 수 있지요? 코처럼 감각을 느끼는 곳을 '감각 기관'이라고 해요. 우리 몸에는 입, 코, 눈, 귀, 피부 등 다섯 개의 감각 기관이 있지요. 이 다섯 개의 감각 기관으로 느끼는 감각을 '오감(다섯 오 五, 느낄 감 感)'이라고 해요. 오감 중 입으로 느끼는 감각은 '미각(맛 미 味, 깨달을 각 覺)', 코로 느끼는 감각은 '후각(맡을 후 嗅, 깨달을 각 覺)', 눈으로 느끼는 감각은 '시각(볼 시 視, 깨달을 각 覺)', 귀로 듣는 감각은 '청각(들을 청 聽, 깨달을 각 覺)', 피부로 느끼는 감각은 '촉각(닿을 촉 觸, 깨달을 각 覺)'이라고 하지요. 이 감각들을 표현하는 말은 매우 다양해요. 어떤 말들이 있는지 찾아볼까요?

오감을 표현하는 말

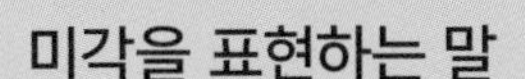

미각을 표현하는 말

- 쓰다–씁쓸하다
- 달다–달콤하다
- 시다–시큼하다
- 짜다–짭짤하다

후각을 표현하는 말

- 향기롭다–향긋하다
- 고릿하다–구릿하다
- 누리다–누린내 나다
- 쿰쿰하다–군내 나다

시각을 표현하는 말

- 빨갛다–새빨갛다
- 노랗다–싯누렇다
- 까맣다–새까맣다
- 파랗다–파르스름하다

청각을 표현하는 말

- 고요하다–조용하다
- 시끄럽다–시끌벅적하다

촉각을 표현하는 말

- 부드럽다–보들보들하다
- 거칠다–거칠거칠하다
- 따뜻하다–따스하다
- 차다–차갑다

속뜻 짐작 능력 테스트

1 빈칸에 들어갈 낱말을 선으로 이어 주세요.

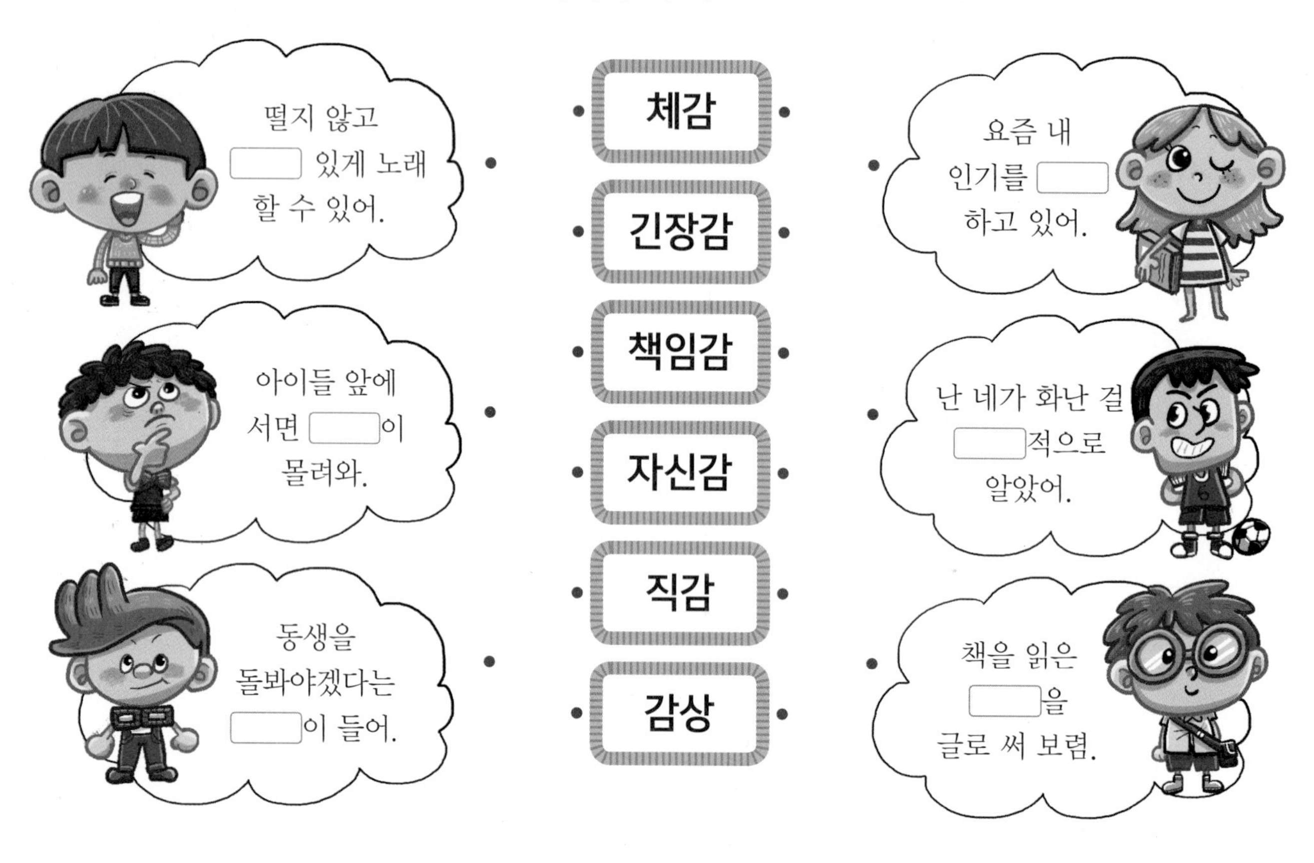

2 속뜻 짐작 한 친구가 전학을 가면서 남긴 편지예요. 지워진 부분에 들어갈 낱말을 바르게 짝지은 것은 무엇일까요? (　　　)

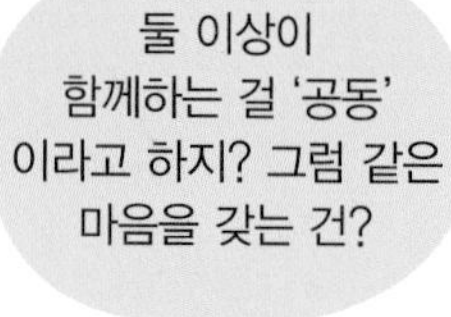

① ㉮ 호감, ㉯ 공감　　② ㉮ 호감, ㉯ 반감
③ ㉮ 독감, ㉯ 반감　　④ ㉮ 반감, ㉯ 공감

보고, 듣고, 맛보고, 냄새 맡고, 만지는 오감은 영어로 five senses라고 해요.
이런 행동을 영어로 어떻게 말하는지 알아볼까요?

hear

청각을 느끼려면 귀로 들어야 해요. hear는 '듣는다'는 뜻으로, 'Can you hear me?'라고 하면 '내 말이 들리니?'라는 뜻이에요.

see

시각을 느끼려면 봐야 해요. 영어로 '보다'라는 뜻을 가진 단어는 see예요. 그런데 see에는 '이해하다'라는 뜻도 있어서, 'I see.'라고 하면 '알겠어.'라는 뜻이에요.

taste

taste는 '맛' 또는 '맛보다'라는 뜻이에요. 미각을 느끼려면 맛을 봐야 하지요. 미각은 '감각'을 뜻하는 sense를 붙여서 sense of taste라고 해요.

smell

후각을 느끼려면 냄새를 맡아야 해요. smell은 '냄새가 나다, 냄새를 맡다'라는 뜻이에요. 만일 냄새가 너무 심하면 'What a smell!'이라고 말하면 돼요.

touch

touch는 '만지다, 접촉하다'라는 뜻이에요. 촉각을 느끼려면 만져 봐야 하지요. 만약 나를 만지는 게 싫다면 'Don't touch.'라고 말하세요. '만지지 마!'라는 뜻이거든요.

2주 2일
학습 끝!
붙임 딱지 붙여요.

QR 찍고 발음 듣기

08 공부한 날짜 월 일

2주 조(調)가 들어간 낱말 찾기

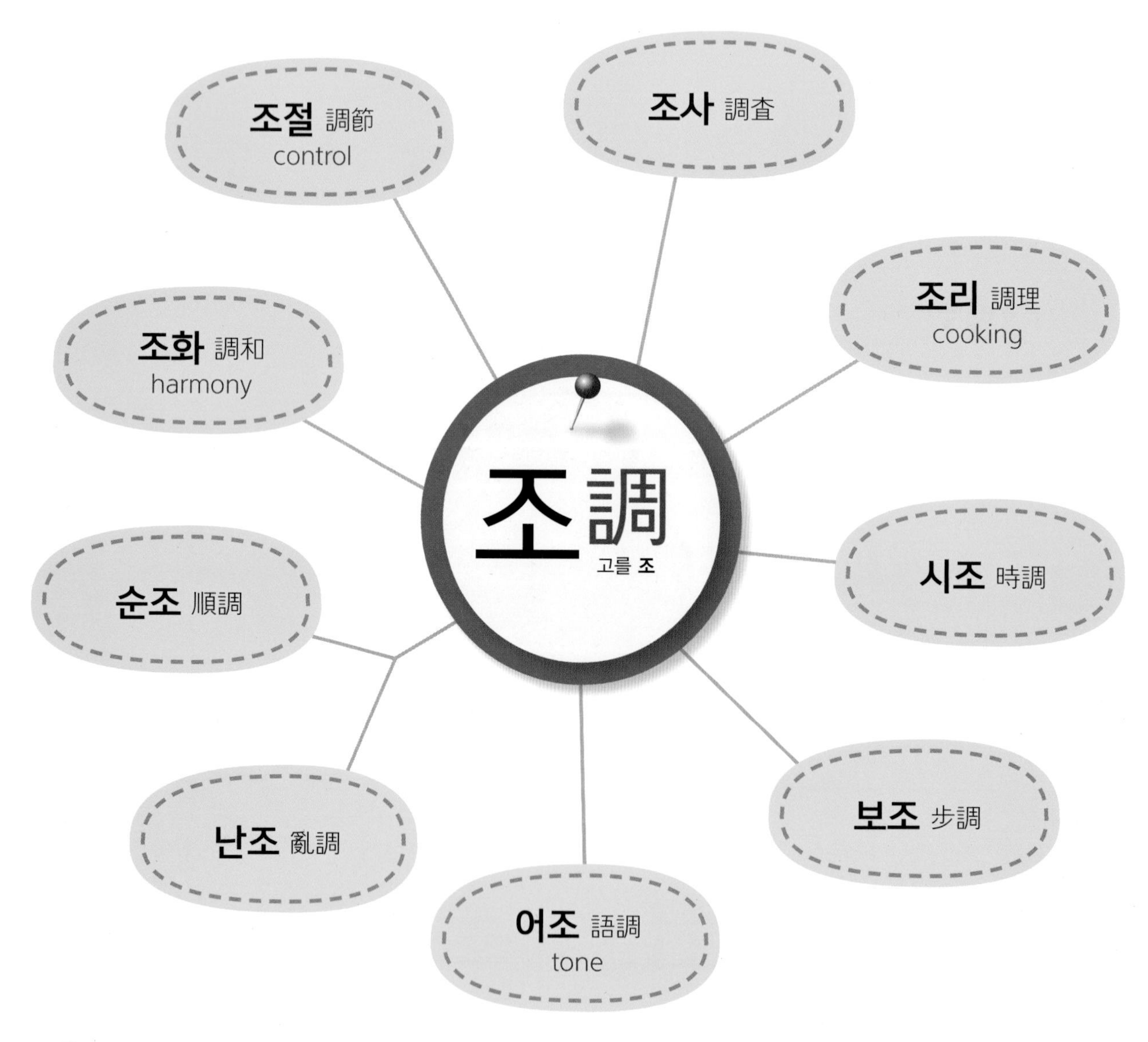

 ‘조(調)’ 자에는 조절처럼 ‘고르다’라는 뜻과 조사처럼 ‘살피다’라는 뜻, 시조처럼 ‘가락’이라는 뜻이 있어요.

1 메뉴판에 있는 질문을 잘 읽고, 접시 위에 있는 글자들을 묶어 ○ 하세요.

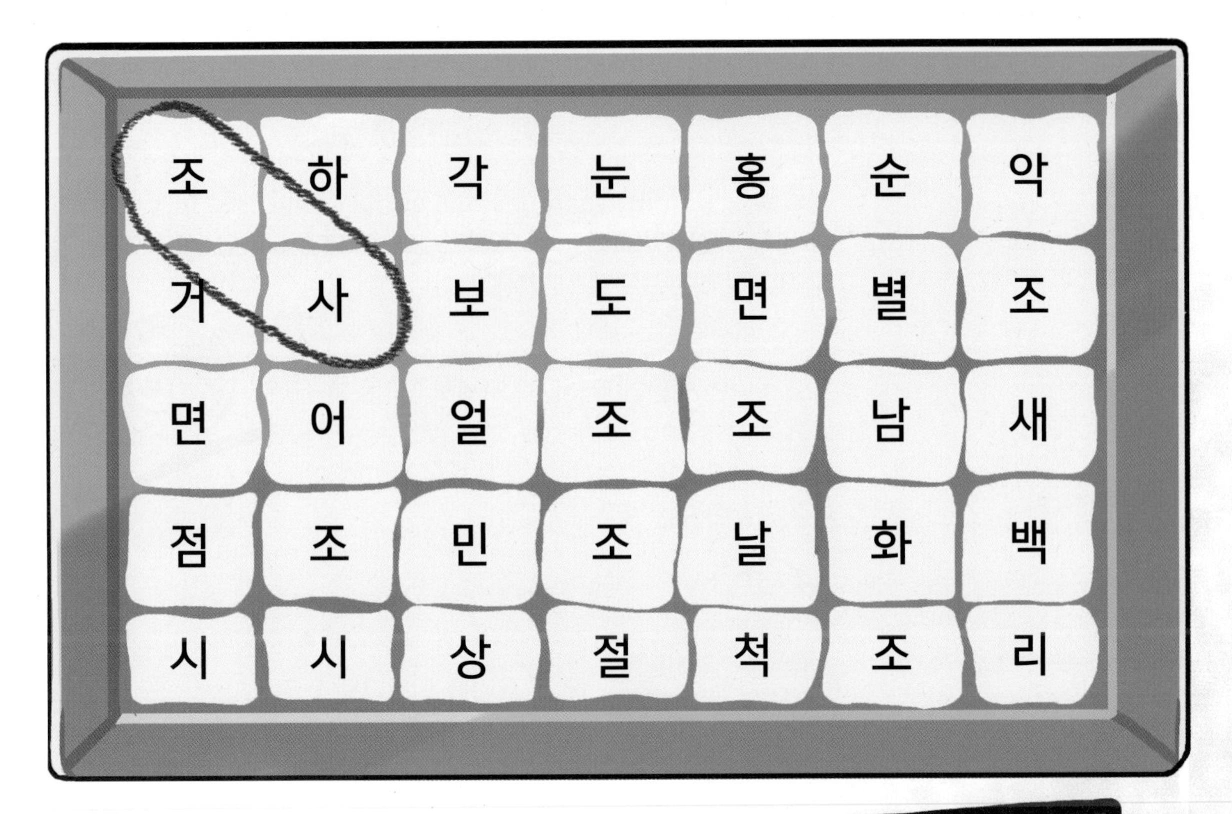

조	하	각	눈	홍	순	악
거	사	보	도	면	별	조
면	어	얼	조	조	남	새
점	조	민	조	날	화	백
시	시	상	절	척	조	리

예 무언가 확실하게 알려고 자세히 살펴보는 일은?

① 서로 잘 어울리는 일은?

② 말의 높낮이나 강약을 뜻하는 말은?

③ 어떤 일이 계획한 대로 잘되어 가는 것은?

④ 요리를 만드는 일은?

⑤ 균형에 맞게 바로잡는 것은?

⑥ 걸음걸이 속도나 여럿이 함께 일할 때의 속도는?

익숙한 말 살피기

조화
調(고를 조) 和(화할/화목할 화)

조화는 고르게(고를 조, 調) 잘 어울린다(화할/화목할 화, 和)는 뜻이에요. 그래서 '조화롭게 해라.'라고 하면 여럿이 잘 어울리게 하라는 뜻이에요. 반대로 잘 못 어울리면 '아니 불/부(不)' 자를 붙여서 '부조화'라고 해요.

조절
調(고를 조) 節(마디 절)

서로 잘 어울리려면 적당하게 맞추며 균형을 잡아야 해요. 이렇게 부족하거나 넘치지 않게 바로잡는 게 **조절**이에요. 여기에서 '마디 절(節)' 자는 알맞게 '맞추다'라는 뜻으로 쓰였어요.

조사
調(고를 조) 査(조사할 사)

사고가 나면 원인이 무엇인지 자세히 찾아보고 살펴봐야 하지요? 이처럼 무엇에 대해 알아보는 것을 **조사**라고 해요. 이때 '고를 조(調)' 자는 '살피다'라는 뜻으로 쓰였어요.

조리
調(고를 조) 理(다스릴 리/이)

'몸조리'나 '산후조리'라는 말을 들어 봤지요? 이렇게 몸을 보살피고 병이 낫도록 다스리는 일을 **조리**라고 해요. 요리를 만든다는 뜻도 있어서 '조리사', '조리법'에도 쓰여요.

시조
時(때 시) 調(고를 조)

시조는 옛날부터 전해 내려온 우리나라 고유의 시로, 노래처럼 가락을 넣어 읊었어요. 여기에서 '고를 조(調)' 자는 목소리의 높낮이나 길이를 통해 느껴지는 '가락'이라는 뜻으로 쓰였어요.

보조
步(걸음 보) 調(고를 조)

단체로 걷거나 이인삼각 경기를 할 때에는 보조를 잘 맞춰 걸어야 해요. **보조**는 걸음걸이(걸음 보, 步) 속도나 여럿이 함께 일하는 속도를 뜻해요.

어조
語(말씀 어) 調(고를 조)

낱말을 어떻게 읽느냐에 따라 의미와 느낌이 달라져요. 예를 들어 '뭐?'를 강하게 올려 읽으면 화난 느낌이고, 내려 읽으면 진지한 느낌이지요. 이렇게 말의 높낮이와 강하거나 약한 정도를 **어조**라고 해요.

순조/난조
順(순할 순) 調(고를 조)
亂(어지러울 란/난)

일이 아무 탈 없이 잘되어 가면 '순할 순(順)' 자를 써서 **순조**라고 해요. 주로 '순조롭다'라고 말하지요. 반대로 일이 뜻대로 잘 안 되면 '어지러울 란/난(亂)' 자를 써서 **난조**라고 해요.

상황에 따라 달라지는 어조

책을 실감나게 읽으려면 어떻게 해야 할까요? 만일 〈흥부와 놀부〉를 읽는다면, 흥부가 말하는 것은 힘없이 느릿느릿 읽고, 놀부가 말하는 것은 큰 목소리로 읽어야 해요. 그래야 인물의 성격을 전달할 수 있거든요. 이처럼 책을 실감나게 읽으려면 인물과 상황에 따라 목소리의 높낮이나 길이, 크기, 빠르기를 조절하며 읽어야 해요. 말을 할 때에도 마찬가지예요. 상황에 어울리는 어조로 말해야 상황을 정확하게 전달할 수 있지요. 어조에 따라 사람들이 어떻게 받아들이는지 그림을 통해 알아볼까요?

1 그림을 보고 (　　　) 안에서 알맞은 낱말을 찾아 ○ 해 보세요.

① 티셔츠 색과 바지 색을 (**조리 / 조화**)롭게 입었구나.

② 국이 끓어 넘치지 않게 불을 잘 (**조절 / 조사**)해야 해.

③ 요리사는 음식을 (**조리 / 조사**)하는 일을 해.

④ 피아노 경연 대회를 (**난조 / 순조**)롭게 준비하고 있어요.

⑤ 엄마가 아이 (**보조 / 어조**)에 맞춰 걸어요.

2 속뜻 짐작 엉킨 실타래를 따라가서 빈칸에 들어갈 낱말 풀이를 읽고, 그 낱말을 찾아 줄로 이으세요.

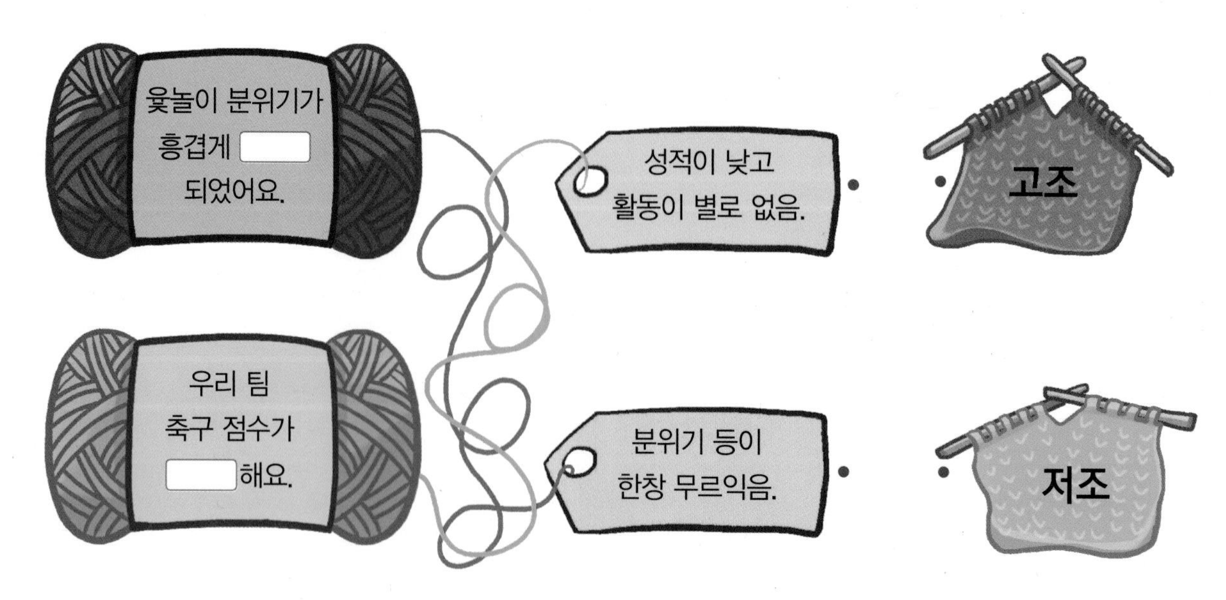

요리는 여러 재료를 알맞게 조리해서 음식을 만드는 거예요.
끓이고, 볶고, 튀기고, 굽는 것 등을 조리라고 하지요. 조리 방법을 영어로 알아볼까요?

boil

boil은 끓는 거예요. 냄비에 물을 넣고 불을 켜면 점점 뜨거워지다가 끓어올라요. 그런데 사람 마음도 화가 나면 부글부글 끓는 느낌이 들어요. 그래서 boil에는 '화가 치밀어 오르다'라는 뜻도 있어요.

fry

fry는 그릇에 기름을 두르고 부치거나 튀기는 조리 방법이에요. 부치거나 튀길 때 쓰는 넓적한 그릇은 프라이팬(frypan)이라고 해요.

2주 3일
학습 끝!
붙임 딱지 붙여요.

bake

bake는 굽는 거예요. 빵 등을 구우려면 아주 뜨거운 열기로 음식을 익히는 오븐 같은 기구를 사용하지요. '빵을 오븐에 굽다'라고 말하려면 bake bread in the oven이라고 하면 돼요.

grill

grill도 굽는다는 뜻인데, bake와 조리 방법이 달라요. bake가 오븐 같은 도구로 굽는 거라면, grill은 석쇠를 이용해 불길이 직접 닿게 굽는 것이지요. 주로 고기나 생선 등을 구울 때 써요.

09 공부한 날짜 월 일

2주 편(便)이 들어간 낱말 찾기

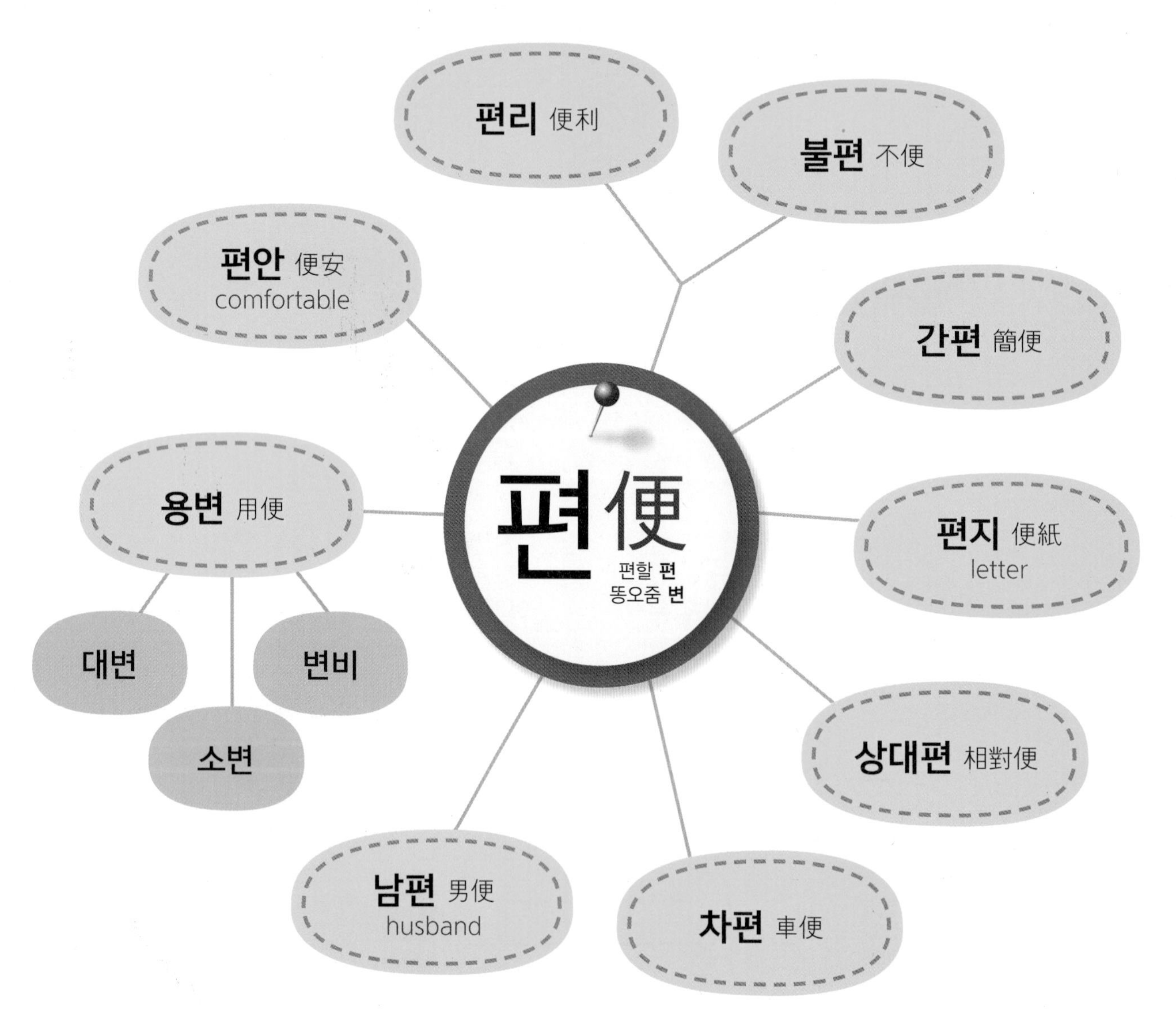

'편(便)' 자에는 편리처럼 '편안하다'는 뜻과 상대편처럼 '~쪽'이라는 뜻이 있어요. 그리고 '변'으로 소리 나는 용변처럼 '똥오줌'이라는 뜻도 있어요.

1 엄마와 아이들이 버스를 타고 여행을 가려고 해요. 대화를 읽고, (   )에서 알맞은 낱말을 골라 ○ 하세요.

2 그림을 보고, 빈칸에 알맞은 글자를 아래 글자들에서 찾아 색칠해 보세요.

익숙한 말 살피기

편안
便(편할 편) 安(편안할 안)

편안은 걱정 없이 마음이 편하고(편할 편, 便) 좋은 상태를 뜻해요. 마음뿐 아니라 몸이 힘들지 않고 편할 때도 '편안하다'고 해요. 뜻이 비슷한 말로는 '즐거울 락/악(樂)' 자를 붙인 '안락'이 있어요.

편리/불편
便(편할 편) 利(이로울 리/이) 不(아니 불/부)

편리한 것은 쓰기 편하고(편할 편, 便) 이로운(이로울 리/이, 利) 거예요. 반대로 편하지 않거나 쓰기 어려운 것은 '아니 불/부(不)' 자를 써서 **불편**하다고 해요.

간편
簡(대쪽/간략할 간) 便(편할 편)

체험 학습을 갈 때는 간편한 옷을 입고 가야 해요. 간편한 옷은 움직이기 편한 가벼운 옷이에요. **간편**한 것은 간단하고 편한 것으로, 고유어인 '단출하다'와 바꿔 쓸 수 있어요.

편지
便(편할 편) 紙(종이 지)

편지는 하고 싶은 말이나 소식을 종이(종이 지, 紙)에 적어 전하는 거예요. 하지만 요즘에는 종이 대신 인터넷을 이용한 전자 메일을 더 많이 써요.

상대편
相(서로 상) 對(대답할 대) 便(편할 편)

'편할 편(便)' 자에는 '~쪽'이라는 뜻도 있어요. 놀 때 우리 편과 상대편을 나누지요? 이때 사용하는 '편'은 여러 무리 중 한 무리를 뜻해요. **상대편**은 우리 편에 맞서거나 마주 보는 다른 편을 말해요.

차편
車(수레 거/차) 便(편할 편)

차편은 차로 사람이나 물건이 이동하는 것을 말해요. 배를 이용하면 '배편', 비행기를 이용하면 '비행기 편'이라고 하지요. 사람(사람 인, 人)을 통해 보내는 것은 '인편'이라고 해요.

남편
男(사내 남) 便(편할 편)

남편은 결혼해서 여자의 짝이 된 남자예요. 남자와 짝이 된 여자는 '아내'라고 부르지요. 부부 사이에 서로를 부르는 말 가운데에는 '여보', '임자'와 같은 고유어도 있어요.

용변
用(쓸 용) 便(똥오줌 변)

'편(便)' 자가 똥오줌의 뜻으로 쓰일 때는 '변'으로 읽어요. 오줌은 '작을 소(小)' 자를 붙여 '소변'이라고 하고, 똥은 '큰 대(大)' 자를 붙여 '대변'이라고 하지요. **용변**은 대변이나 소변을 본다는 뜻이고, 대변이 잘 나오지 않으면 '숨길 비(秘)' 자를 붙여서 '변비'라고 해요.

물건을 셀 때 하나, 둘, 셋…… 이렇게 한 개 한 개 떼어 세는 걸 '낱개로 센다.'라고 해요. 물건이 많지 않을 땐 낱개로 세는 게 어렵지 않지요. 하지만 물건 수가 많아지면 낱개로 세는 게 힘들어요. 그럴 때에는 뛰어서 세기나 묶어서 세기, 10개씩 묶고 낱개 더하기 같은 다양한 방법으로 셀 수 있어요. 그럼 아래 그림을 통해 좀 더 편리하게 세는 방법을 생각해 볼까요?

〈다양한 방법으로 편리하게 수 세기〉

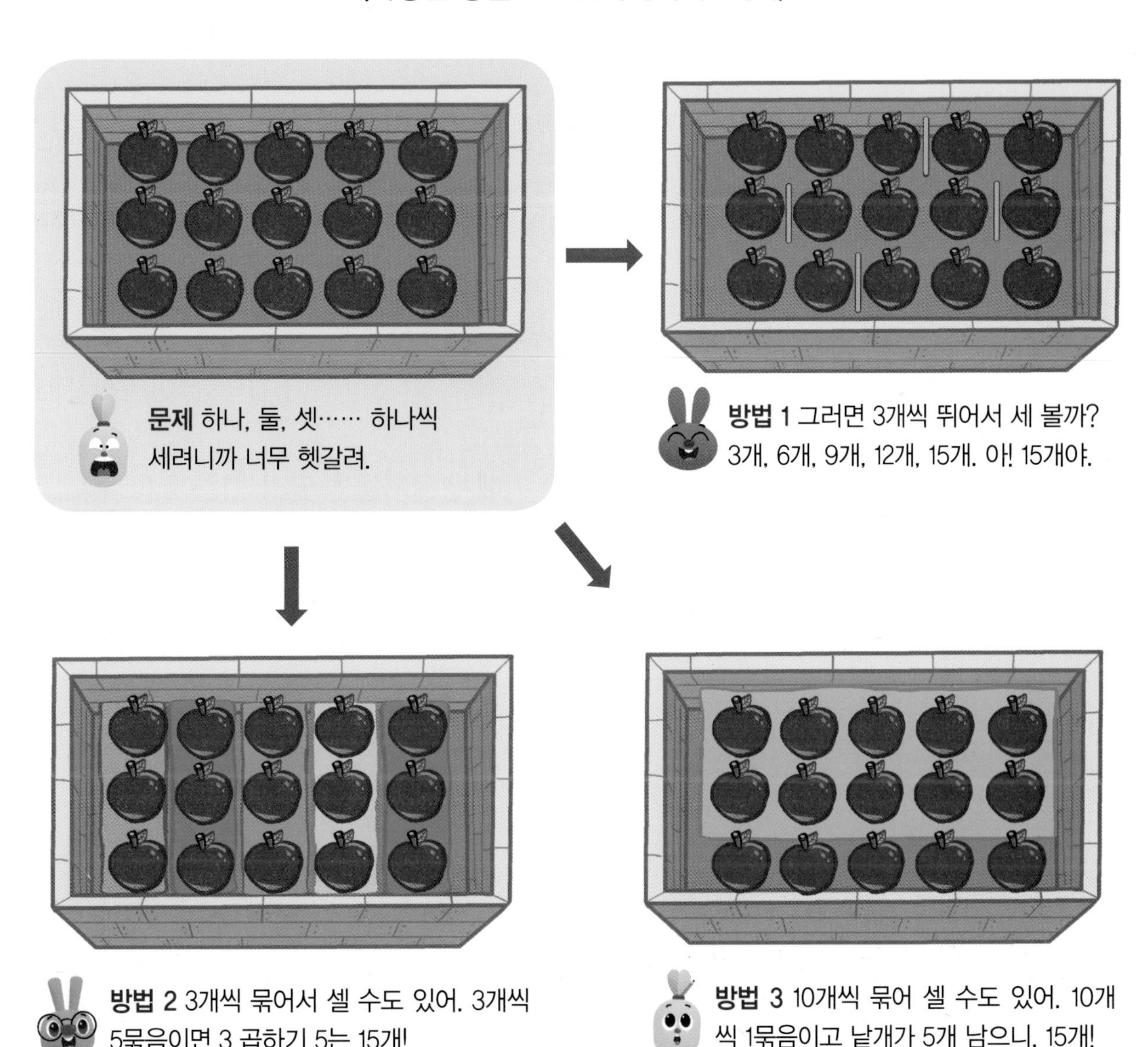

1 그림 중에서 밑줄 친 낱말에 어울리지 않는 그림을 찾아 X 하세요.

2 빈칸에 공통으로 들어갈 글자를 붙임 딱지로 만들어 보세요.

3 속뜻 짐작 (　　　)에 들어갈 낱말을, 글자 띠에서 글자들을 골라 빈칸에 써 주세요.

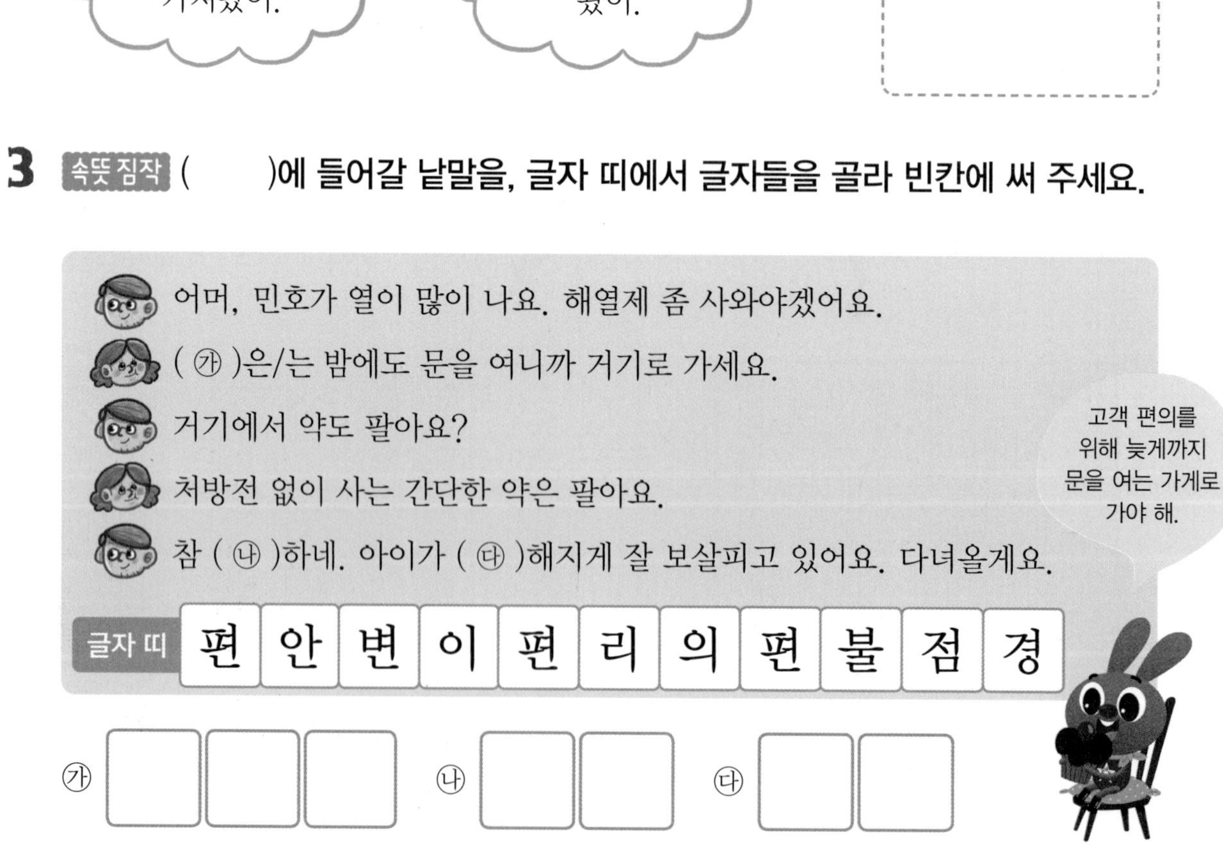

차편이나 배편, 비행기 편 등 우리는 다양한 탈것을 타고 이동해요. 우리가 자주 사용하는 탈것을 영어로 알아볼까요?

bus, taxi

'버스'는 영어로도 bus예요. '택시' 역시 영어로도 taxi이지요. 버스와 택시를 탄다고 표현하려면 take라는 단어를 써서 take a bus, take a taxi라고 말해요.

ship

'배'는 ship이에요. ship은 바다나 강 같은 물 위를 다니는 탈것이지요. 배를 책임지고 운항하는 '선장'은 captain이라고 해요.

2주 4일 학습 끝!

붙임 딱지 붙여요.

subway

'전철'은 subway로, 보통 땅 아래로 다녀서 '지하철'이라고 해요. 전기로 다니다 보니 공기를 덜 오염시키고 땅 위에 교통이 덜 막히게 해 줘요. 지하철이 멈추는 '지하철역'은 subway station이라고 해요.

airplane

'비행기'는 airplane이에요. 하늘을 날아 이동하기 때문에 먼 곳을 빨리 갈 수 있지요. 비행기를 타려면 항공권을 미리 사야 하는데, '항공권'은 영어로 airplane ticket이라고 해요.

QR 찍고 발음 듣기

10 2주 작(作)이 들어간 낱말 찾기

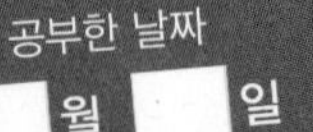

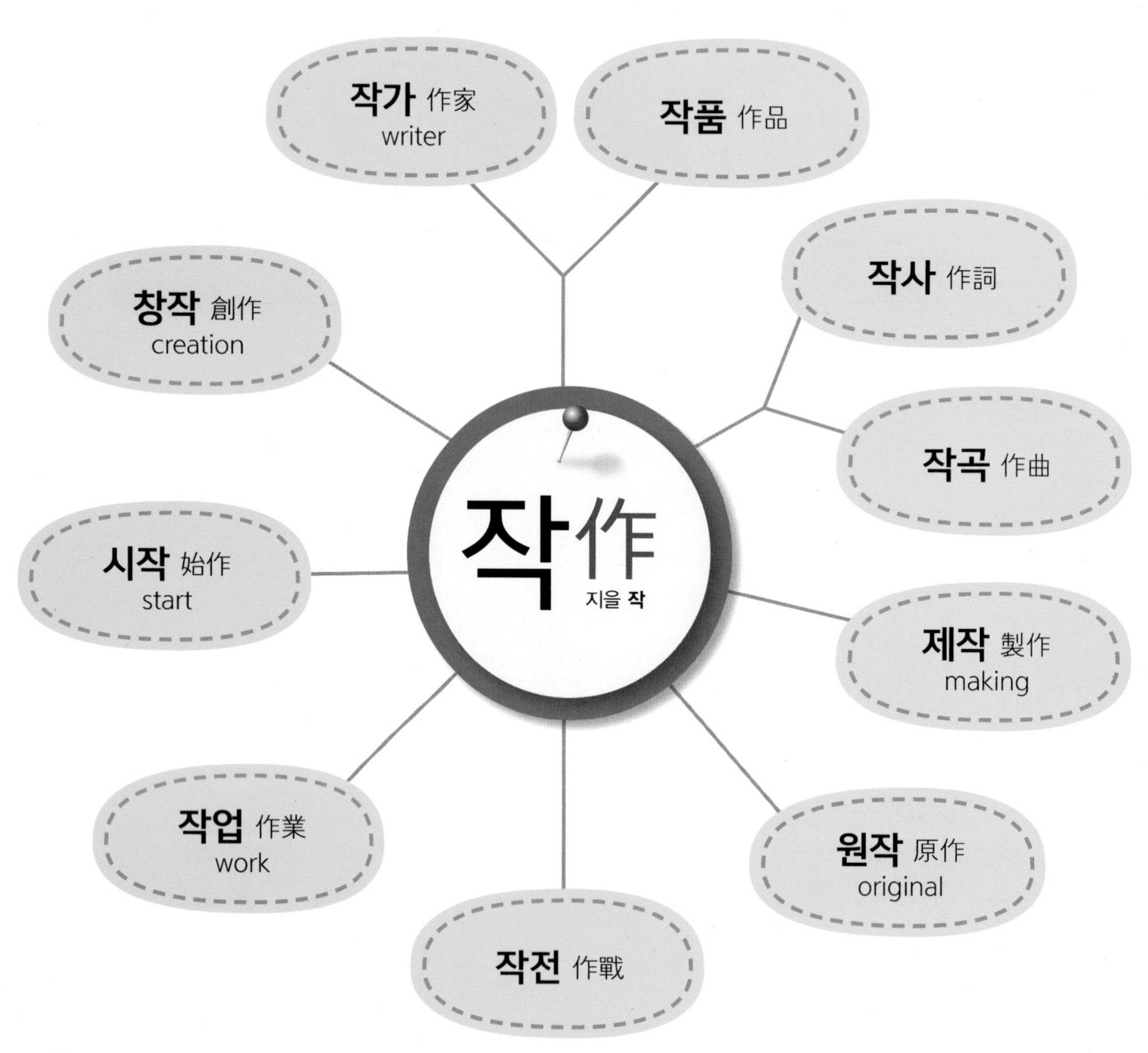

'작(作)' 자에는 작품처럼 '짓다'라는 뜻과 시작처럼 '일으키다'라는 뜻이 있어요.

1 사방이 문으로 둘러싸인 이상한 방에 들어왔어요. 문에 적힌 순서에 따라 알맞은 붙임 딱지를 찾아 붙이세요.

창작
創(비롯할 창) 作(지을 작)

무언가를 새롭게 만들어 내는 것을 **창작**이라고 해요. 창작은 매우 어려운 일이어서, 창작한 사람에게는 창작물을 보호할 수 있는 '저작권(나타날 저 著, 지을 작 作, 권세 권 權)'이라는 권리를 줘요.

작가/작품
作(지을 작) 家(집 가) 品(물건 품)

시, 소설, 사진, 그림 같은 것을 창작하는 사람을 **작가**라고 해요. '작가'에 쓰인 '집 가(家)' 자에는 '전문가'라는 뜻이 있지요. 작가가 만든 것은 '물건 품(品)' 자를 붙여 **작품**이라고 해요.

작사/작곡
作(지을 작) 詞(말 사) 曲(굽을 곡)

노래는 노랫말인 가사와 멜로디로 이루어져요. 그중 노랫말(말 사, 詞) 짓는 일은 **작사**라고 하고, 멜로디 만드는 일은 **작곡**이라고 해요. 이런 일을 전문적으로 하는 사람은 각각 '작사가', '작곡가'라고 해요.

제작
製(지을 제) 作(지을 작)

어떤 재료로 작품이나 물건 만드는 것을 **제작**이라고 해요. 음반, 드라마, 동영상 등을 만드는 게 모두 제작이지요. 제작된 작품이나 물건(물건 물, 物)은 '제작물'이라고 해요.

원작
原(언덕/근본 원) 作(지을 작)

다른 말로 번역하거나 고쳐 쓰지 않은 본디 작품을 **원작**이라고 해요. 영화나 드라마 중에는 소설이나 웹툰을 원작으로 한 것들이 있는데, 원작과 비교해서 보는 것도 재미있답니다.

작전
作(지을 작) 戰(싸움 전)

경기에서 이기려고 방법이나 계획을 짜 본 적이 있지요? 이것을 '작전을 짠다.'라고 해요. 경기뿐 아니라 어떤 일을 이루려고 방법을 생각해 내는 게 모두 **작전**이에요.

작업
作(지을 작) 業(일 업)

작업은 일하는 것을 뜻해요. 홍수가 난 뒤 원래 모습으로 만드는 일은 '복구 작업'이라고 하고, 무언가를 설치할 때에는 '설치 작업'이라고 하지요. 작업하는 곳은 '작업실'이라고 해요.

시작
始(처음 시) 作(지을 작)

시작은 어떤 일이나 행동을 처음 하는 거예요. 여기에서 '지을 작(作)' 자는 '행동하다, 일으키다'라는 뜻으로 쓰였지요. '시작이 반이다.'라는 속담은 무슨 일이든 시작하는 게 어렵다는 걸 깨닫게 해 줘요.

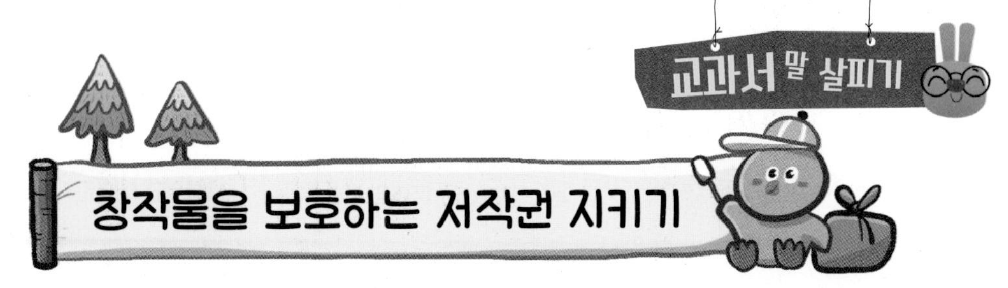

창작물을 보호하는 저작권 지키기

'저작권'은 무언가를 만든 창작자가 자신이 만든 창작물에 대해 갖는 권리예요. 저작권은 창작물을 다른 사람이 함부로 바꾸거나 사용하지 못하게 지켜 줘요. 그리고 다른 사람이 자신의 창작물로 돈을 벌지 못하게 보호해 주기도 하지요. 저작권은 동화같이 완성된 이야기뿐 아니라 일기, 독후감, 시, 소설, 음악, 사진, 동영상, 컴퓨터 프로그램 등 다양한 창작물에 주어진답니다. 우리가 왜 저작권을 지켜야 하는지 알아볼까요?

〈저작권을 침해했을 때〉

저작권을 침해하면, 저작물을 만든 사람은 더 이상 창작할 의욕이 생기지 않아요.

〈저작권을 지켰을 때〉

저작권을 존중하면, 저작권자는 더욱 열심히 창작해서 우리 문화를 발전시킬 수 있어요.

1 각 사진을 보고 빈칸에 들어갈 낱말을 찾아 따라 써 보세요.

2 속뜻 짐작 밑줄 친 낱말을 잘못 사용한 아이 한 명을 찾아 X 하세요.

3 속뜻 짐작 상황에 어울리는 낱말 카드를 골라 색칠해 보세요.

글을 쓰는 작가 중에는 소설가도 있고 시인도 있고 수필가나 극작가도 있어요. 영어에도 어떤 글을 쓰는지에 따라 다양한 이름이 있답니다. 함께 살펴보아요.

novelist

소설을 쓰는 '소설가'는 novelist라고 해요. novel은 소설이고, -ist는 그것과 관련 있는 일을 하는 사람을 나타내지요. '나는 소설가가 되고 싶다.'라고 하려면, 'I want to be a novelist.'라고 해요.

poet

시를 쓰는 사람인 '시인'은 poet이라고 해요. '시'는 poem인데, 맨 끝에 철자 하나만 바뀌어 시인이 되었어요.

screenwriter

영화 대본인 시나리오를 쓰는 작가를 screenwriter라고 해요. screen은 '화면, 영화'라는 뜻인데, 여기에 '작가'인 writer가 붙어 '시나리오 작가'가 되었지요.

writer

writer는 글을 쓰는 '작가'를 통틀어 이르는 말이에요. writer는 어떤 글을 쓰는지에 따라 다른 이름으로 불려요.

2주 5일 학습 끝!

붙임 딱지 붙여요.

QR 찍고 발음 듣기

눈 모양을 과녁 삼아서 '목적'

목적(눈 목 目, 과녁 적 的): 하고자 하는 일이나 나아가는 방향을 뜻해요.

contents

PART 2

PART 2에서는 상대어나 주제어를 중심으로
관련이 있는 낱말들을 연결해서 배워요.

11
3주
공부한 날짜
월 일

사(死)와 활(活) 비교하기

어? 다들
어디 가는 거야?

저…… 독수리야,
좀 웃어. 네 표정이 무서워서
다들 도망가잖아.

엥? 난 지금 사력을
다해 웃고 있는 건데,
그렇게 안 보여?
이런…….

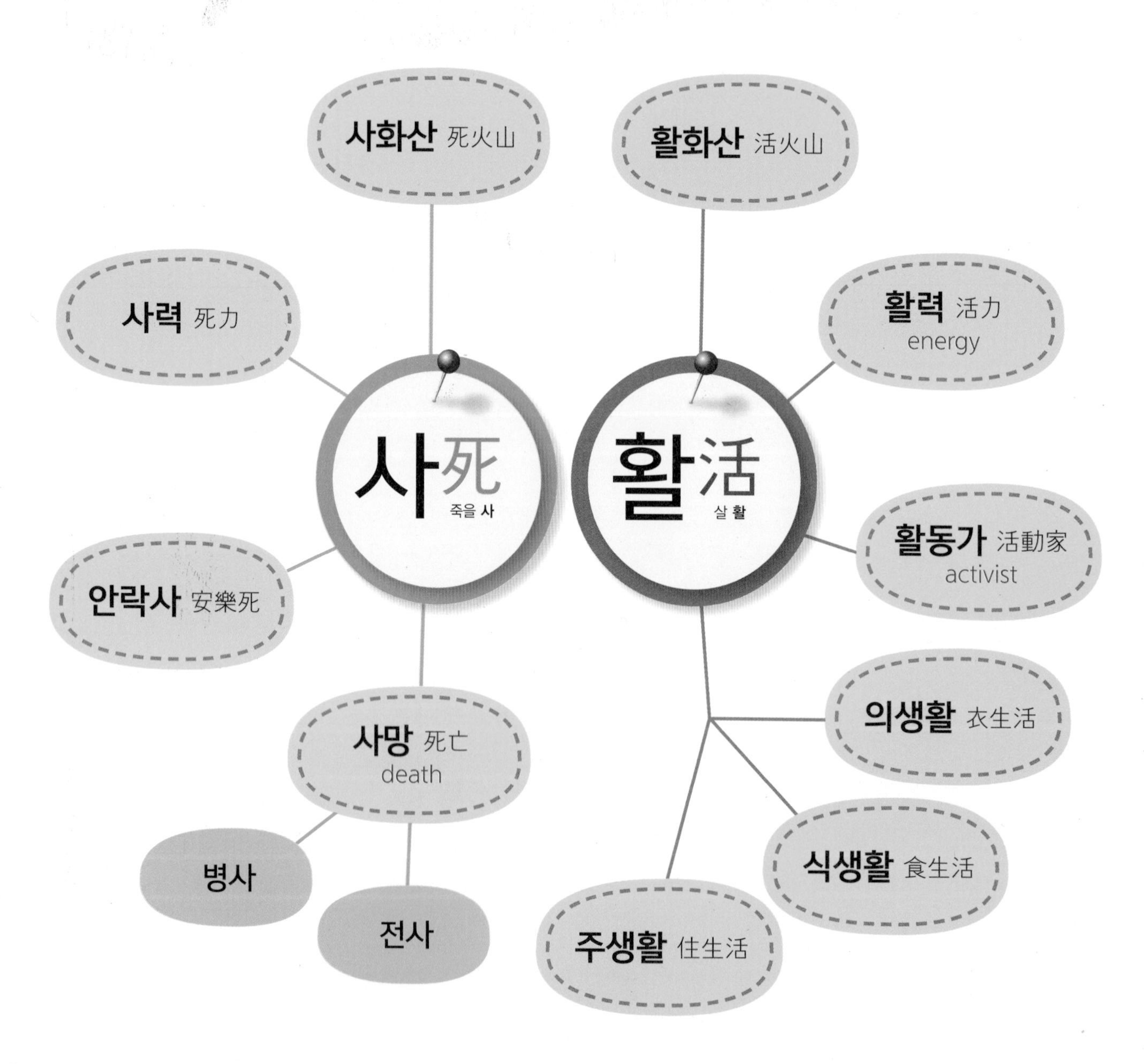
사 死 죽을 사
사화산 死火山
사력 死力
안락사 安樂死
사망 死亡
death
병사
전사
활 活 살 활
활화산 活火山
활력 活力
energy
활동가 活動家
activist
의생활 衣生活
식생활 食生活
주생활 住生活

1 죽는 것과 관련이 있는 낱말이 적힌 깃털은 빨간색, 사는 것과 관련이 있는 낱말이 적힌 깃털은 파란색을 칠해 주세요.

2 밑줄 친 부분을 낱말로 바꾸려고 해요. 초성을 참고해 알맞은 낱말을 써 주세요.

① 이 영양제를 먹으면 몸에 불끈불끈 <u>살아 움직이는 힘</u>이 솟아요.

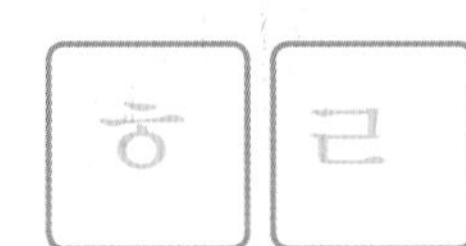

② 그 일을 이루려고 <u>죽을힘</u>을 다해 노력하고 있어요.

3 그림에 어울리는 낱말을 선으로 이어 주세요.

• 사화산

• 활화산

익숙한 말 살피기

사화산 vs 활화산

死(죽을 사) 火(불 화)
山(산 산) 活(살 활)

'화산'은 땅속에 있는 가스와 마그마 등이 쏟아져 나와서 만들어진 산이에요. 화산 가운데 더 이상 활동하지 않는 화산은 '죽을 사(死)' 자를 붙여 **사화산**이라고 하고, 활발히 활동을 하고 있는 화산은 '살 활(活)' 자를 붙여 **활화산**이라고 불러요.

사력 vs 활력

死(죽을 사) 力(힘 력/역) 活(살 활)

사력은 목숨을 아끼지 않고 죽을 만큼(죽을 사, 死) 애쓰는 거예요. 고유어인 '죽을힘'과 같아요. 반면 **활력**은 살아(살 활, 活) 움직이는 힘으로, '활력이 느껴진다.'라고 하면 생생하고 힘찬 느낌이 있다는 뜻이지요. '기운 기(氣)' 자를 붙인 '활기'도 같은 뜻이에요.

안락사

安(편안할 안) 樂(즐거울 락/악)
死(죽을 사)

'안락'은 몸과 마음이 편안하고(편안할 안, 安) 즐거운(즐거울 락/악, 樂) 상태예요. 하지만 **안락사**는 고통을 줄여 주려고 생명을 끊는(죽을 사, 死) 것을 뜻해요. 치료할 수 없는 병으로 큰 고통을 받는 환자와 가족들 중에는 안락사를 허락해 달라고 주장하는 사람도 있어요.

사망

死(죽을 사) 亡(망할 망)

사람이 죽는 것을 **사망**이라고 해요. 사람은 병(병 병, 病)에 걸려 죽는 '병사'를 겪기도 하고, 싸움터(싸움 전, 戰)에 나가서 죽는 '전사'를 겪기도 한답니다.

활동가

活(살 활) 動(움직일 동) 家(집 가)

활동가는 어떤 일을 해내려고 적극적으로 힘쓰는 사람이에요. '환경 활동가'는 환경을 보호하려고 애쓰는 사람이고, '인권 활동가'는 인권을 지키려고 애쓰는 사람이에요.

의생활/식생활

衣(옷 의) 生(날 생) 活(살 활)
食(먹을 식)

사람이 살려면 입을 옷과 먹을 음식, 잠자고 쉴 집이 필요해요. 이렇게 사는 데 필요한 옷과 관련한 생활은 **의생활**, 먹는 일이나 음식과 관련한 생활은 **식생활**, 사는 곳이나 집과 관련한 생활은 '주생활'이라고 해요.

달라진 의식주

옛날의 생활 모습과 지금의 생활 모습은 많이 달라요. 입는 옷, 먹는 음식, 사는 집도 달라졌지요. 그럼 옛날과 오늘날의 의식주가 어떻게 달라졌는지 한번 살펴볼까요?

〈옛날과 오늘날의 달라진 모습〉

	옛날	오늘날
의생활	우리나라 고유 옷인 한복을 입었어요. 남자는 저고리와 바지, 여자는 저고리와 치마를 입었답니다.	 블라우스, 티셔츠, 치마, 바지, 재킷 등 여러 가지 옷이 있어서, 때와 장소, 취향에 따라 원하는 대로 골라 입어요.
식생활	 다양한 음식 재료를 구하기가 쉽지 않아서, 주로 집 주변에서 구할 수 있는 나물이나 작물로 밥을 해 먹었어요.	 다른 지방은 물론이고, 외국에서 나는 재료까지도 쉽게 구할 수 있어서, 다양한 요리를 만들어 먹어요.
주생활	 나무로 기둥을 세우고 흙으로 벽을 바른 한옥에서 살았어요. 한옥에는 지붕을 짚으로 인 초가와 기와로 인 기와집 등이 있어요.	 시멘트와 벽돌로 지은 서양식 집에 살아요. 한 채씩 따로 지은 단독 주택, 여러 세대가 함께 사는 공동 주택 등이 있어요.

속뜻 짐작 능력 테스트

1 ( )에 알맞은 낱말을 순서대로 짝지은 것을 찾아 주세요. ( )

① ㉮ 사력, ㉯ 의생활　② ㉮ 사력, ㉯ 활력

③ ㉮ 활력, ㉯ 사력　④ ㉮ 식생활, ㉯ 사력

2 설명을 읽고, 빈칸에 들어갈 낱말을 찾아 ○ 해 보세요.

책 제목 : 〈세계를 구하는 ☐, 국경 없는 의사회〉
책 내용 : '국경 없는 의사회'는 정치나 종교, 인종 등과 관계없이 의사의 손길이 필요한 곳이면 어디든 찾아가는 단체입니다. 국경 없는 의사회가 어떻게 세계의 어려운 사람들을 돕는지 알아봅니다.

활동가　병사　전사　활화산

3 속뜻 짐작 밑줄 친 부분은 각각 어떤 뜻인지 선으로 이어 주세요.

이번 경기만은 **결사적**으로 뛰어서 이길 거야.	• •	활발한 기운
개를 공원에 데리고 나왔더니 **활기**차게 뛰어다녀.	• •	죽을 만큼 열심히 하겠다고 결심함.
나는 **안락사**하는 것에 반대해.	• •	고통을 줄이려고 생명을 끊음.

옷과 관련한 생활을 '의생활'이라고 해요.
의생활을 이루는 여러 옷들을 영어로는 어떻게 부를까요?

clothes

'옷'은 clothes예요. '옷감'이나 '천'을 뜻하는 cloth에 여럿을 뜻하는 -(e)s를 붙여 옷을 뜻하는 clothes가 되었지요. '옷을 입다'라는 말은 put on clothes라고 해요.

pants

pants는 '긴바지'를 뜻해요. 우리가 흔히 속옷을 부를 때 쓰는 '팬티'는 바른 표현이 아니에요. underpants 또는 underwear가 바른 표현이에요. 여름에 입는 '반바지'는 shorts라고 해요.

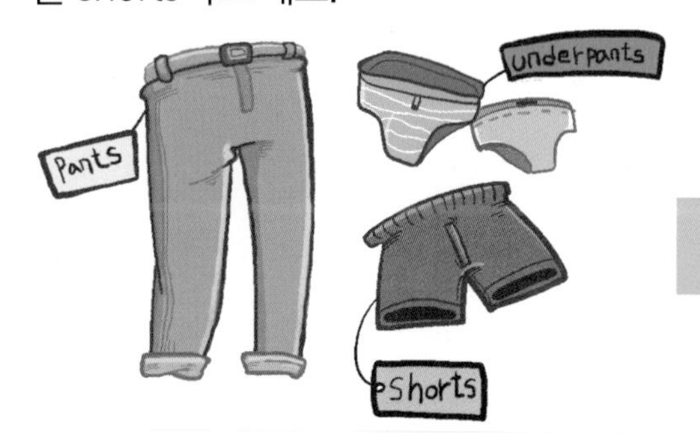

3주 1일
학습 끝!
붙임 딱지 붙여요.

shoes, socks

shoes는 '신발', socks는 '양말'이에요. 신발과 양말은 한 개가 아니라 두 개가 있어야 완성되기 때문에, 여럿을 나타내는 -s가 늘 붙어요.

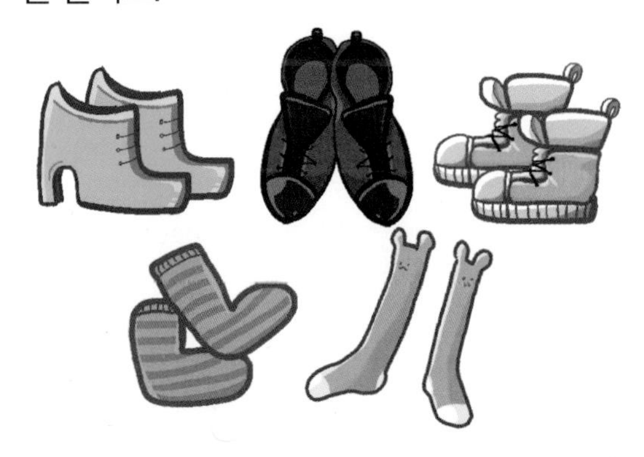

uniform

uniform은 교복이나 군복처럼 모든 사람이 똑같이 입는 '제복'이에요. 학교에서 입는 '교복'은 school uniform이라고 해요.

12

3주

공부한 날짜

월 일

출(出)과 입(入) 비교하기

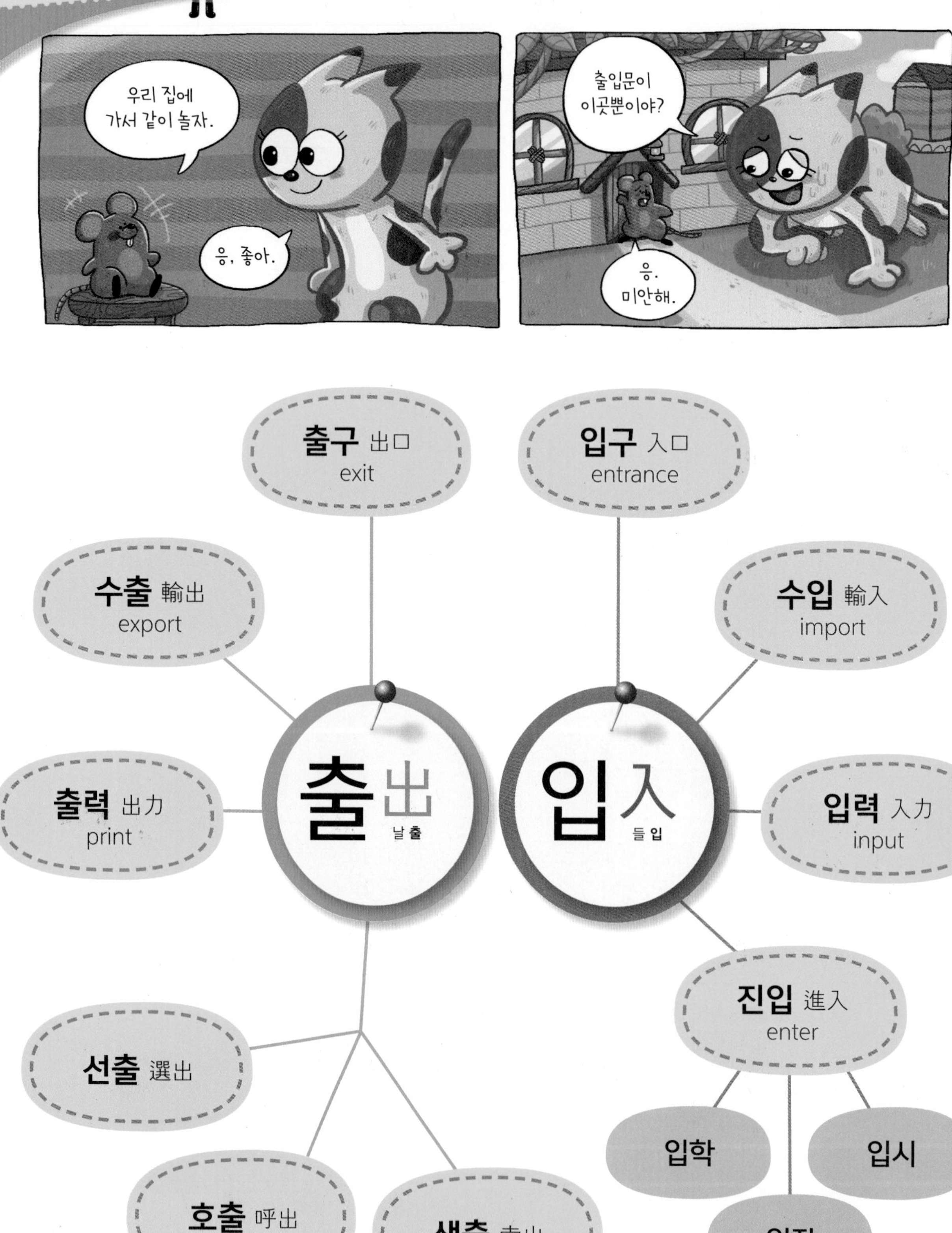

1 보기 에서 '나간다'는 뜻이 있는 낱말은 〈밖〉에, '들어오다, 넣는다'는 뜻이 있는 낱말은 〈안〉에 써 주세요.

보기 수출 수입 출구 입구 출력 입력

2 페인트 통에 적힌 뜻풀이를 보고, 관련이 있는 붓을 찾아 같은 색으로 칠하세요.

출구 vs 입구
出(날 출) 口(입 구) 入(들 입)

출구는 나가는(날 출, 出) 구멍(입 구, 口), 즉 나가는 곳이고, **입구**는 들어가는(들 입, 入) 구멍, 즉 들어가는 곳이에요. 출구와 입구가 하나인 곳은 '출입구'라고 해요.

수출 vs 수입
輸(보낼 수) 出(날 출) 入(들 입)

나라와 나라 사이에 물건 등을 사고파는 일을 '무역'이라고 해요. 무역 활동 가운데, 다른 나라에 물건이나 기술을 팔아 내보내는 것(날 출, 出)은 **수출**이라고 하고, 다른 나라의 물건을 사들이는 것(들 입, 入)은 **수입**이라고 해요.

출력 vs 입력
出(날 출) 力(힘 력/역) 入(들 입)

입력은 키보드나 마우스로 문자나 숫자를 컴퓨터에 기록해 넣는 일이에요. 그리고 **출력**은 입력한 내용을 눈으로 볼 수 있게 인쇄하는 것이지요. 출력해서 나온 물건은 '출력물'이라고 해요. 기계 등이 힘을 내보내는 것도 '출력'이라고 해요.

선출/호출
選(가릴 선) 出(날 출) 呼(부를 호)

선출은 여럿 중에서 하나를 가려(가릴 선, 選) 뽑는 거예요. 회장이나 대통령처럼 여러 후보 중에서 한 명을 투표로 뽑을 때 '선출하다'라고 말하지요. 이와 달리 **호출**은 상대방을 불러내는(부를 호, 呼) 거예요. 이름을 크게 부르거나 전화로 호출하기도 해요. 마지막으로 '색출'은 샅샅이 뒤져서 찾는(찾을 색, 索) 거예요.

진입
進(나아갈 진) 入(들 입)

진입은 어딘가를 향해 들어가는 거예요. 학교에 배우러(배울 학, 學) 들어가는 건 '입학', 어떤 장소(마당 장, 場)로 들어가는 건 '입장'이라고 하지요. 그리고 어딘가에 들어가려고 시험(시험 시, 試)을 치르는 건 '입시'라고 해요.

우리나라의 수입과 수출

우리나라는 아주 많은 물건을 수출하고 수입해요. 주로 어떤 물건을 수출하고 수입하는지 그림을 통해 알아볼까요?

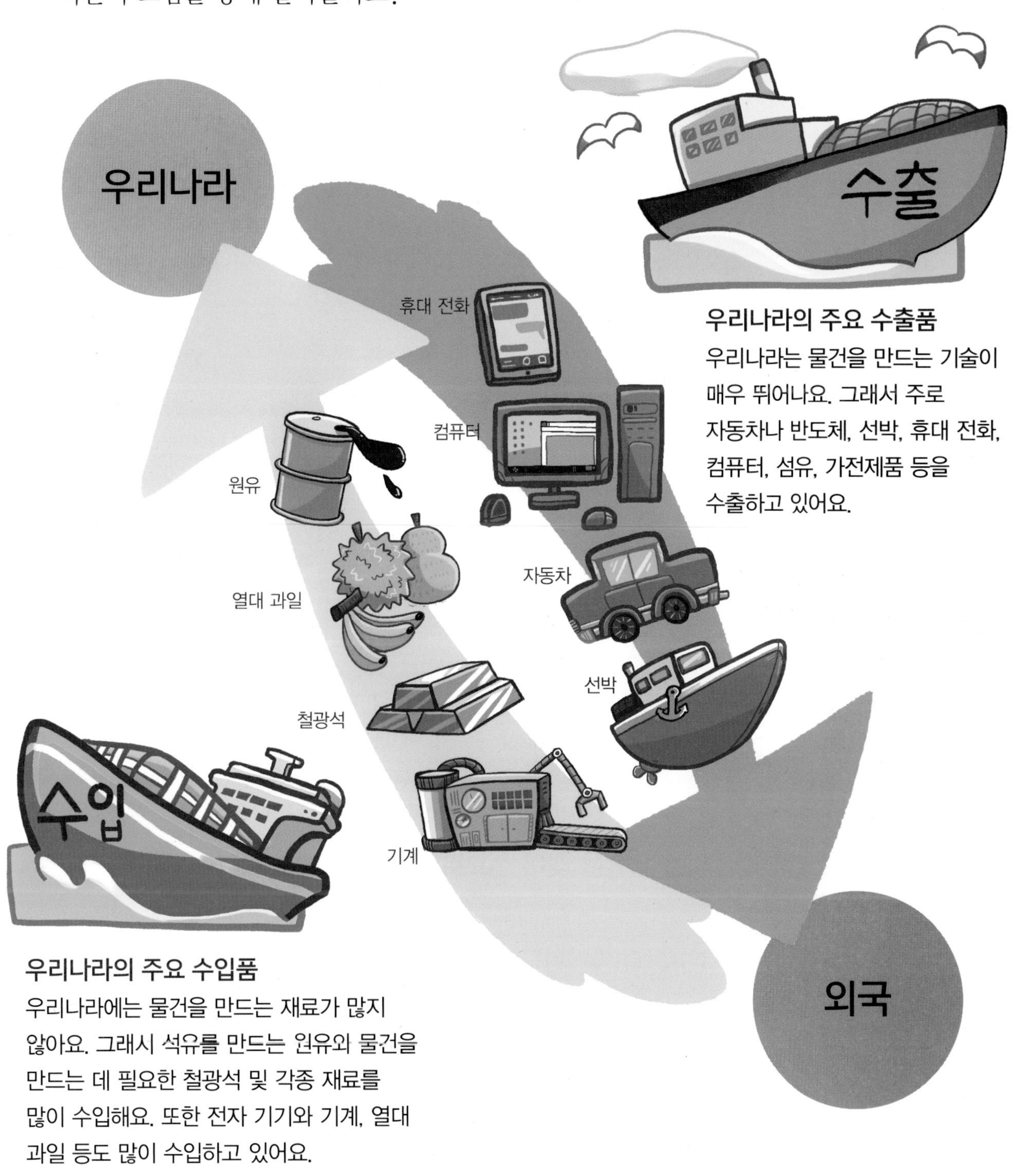

우리나라의 주요 수출품

우리나라는 물건을 만드는 기술이 매우 뛰어나요. 그래서 주로 자동차나 반도체, 선박, 휴대 전화, 컴퓨터, 섬유, 가전제품 등을 수출하고 있어요.

우리나라의 주요 수입품

우리나라에는 물건을 만드는 재료가 많지 않아요. 그래시 석유를 만드는 원유와 물건을 만드는 데 필요한 철광석 및 각종 재료를 많이 수입해요. 또한 전자 기기와 기계, 열대 과일 등도 많이 수입하고 있어요.

1 주어진 낱말과 뜻을 보고, 상대어에 해당하는 붙임 딱지를 붙여 보세요.

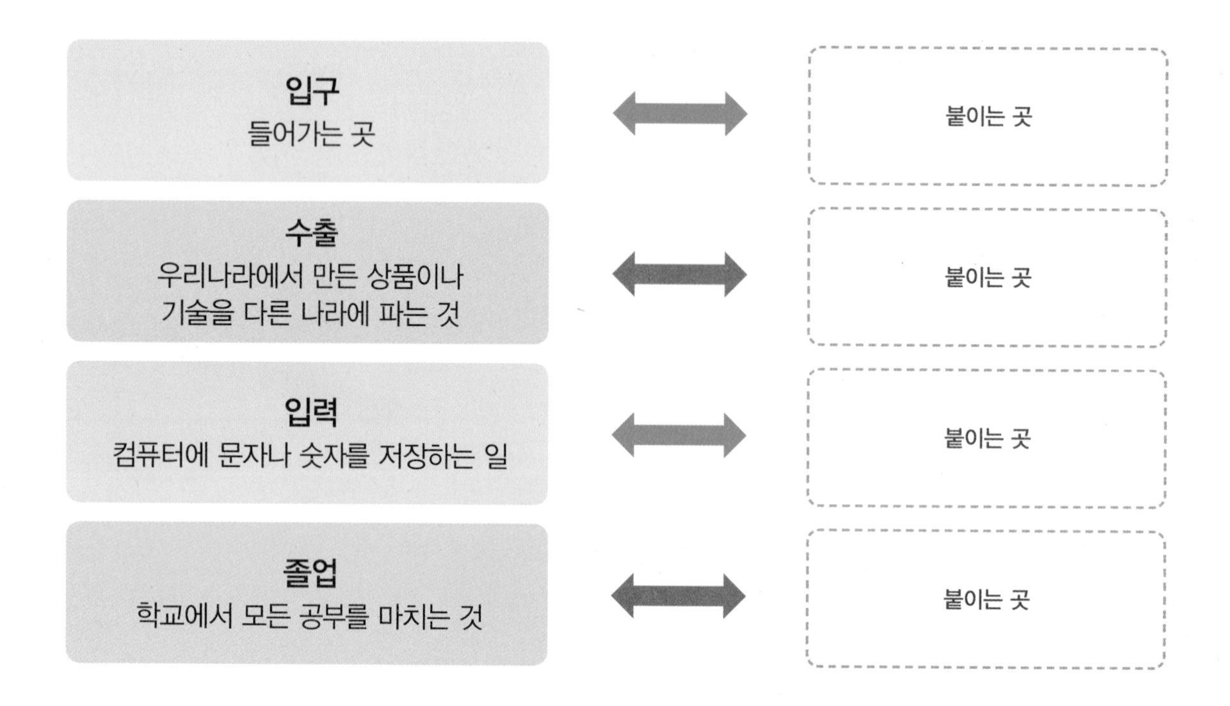

입구 들어가는 곳	⟷	붙이는 곳
수출 우리나라에서 만든 상품이나 기술을 다른 나라에 파는 것	⟷	붙이는 곳
입력 컴퓨터에 문자나 숫자를 저장하는 일	⟷	붙이는 곳
졸업 학교에서 모든 공부를 마치는 것	⟷	붙이는 곳

2 다음 상황에 어울리는 낱말을 찾아 ○ 해 주세요.

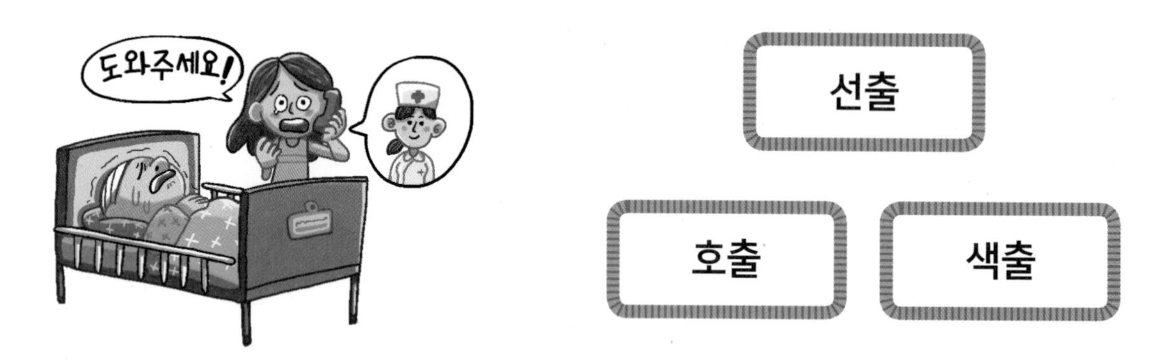

3 속뜻 짐작 빈칸에 알맞은 낱말을 찾아 선으로 연결해 주세요.

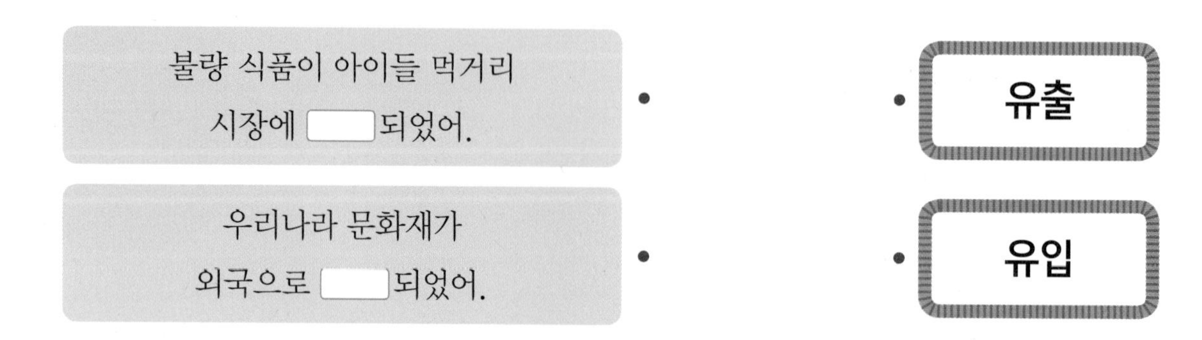

- 불량 식품이 아이들 먹거리 시장에 ☐ 되었어. •
- 우리나라 문화재가 외국으로 ☐ 되었어. •

- • 유출
- • 유입

영어에서는 들어오고 나가는 것을 in과 out이라는 단어를 통해 표현할 수 있어요.
어떻게 표현하는지 함께 배워 볼까요?

get in

get out

in에는 '안으로'라는 뜻이 있고, out에는 '밖으로'라는 뜻이 있어요. 그래서 get in이라고 하면 '(안으로) 들어가다, (차를) 타다'라는 뜻이 되고, get out이라고 하면 '(밖으로) 나가다, (차에서) 내리다'라는 뜻이 돼요.

3주 2일 학습 끝!

붙임 딱지 붙여요.

check in

check out

check는 '확인하다'라는 뜻이에요. check in은 비행기를 타거나 호텔 안에 들어갈 때 확인하는 것을 말하고, check out은 호텔 같은 곳에서 더 낼 비용은 없는지 확인한 뒤 나가는 것을 뜻해요.

take in

take out

take in은 '(몸속으로) 흡수하다, 넣다'라는 뜻이에요. 반대로 take out은 '(몸 밖으로) 빼내다, 꺼내다'라는 뜻이지요. 우리나라에서는 식당에서 음식을 포장해 가져가는 것을 '테이크아웃(take out)'이라고 해요. 하지만 외국에서는 to go나 take away를 주로 쓴답니다.

QR 찍고 발음 듣기

13 3주

공부한 날짜 월 일

주(晝)야(夜)조(朝)석(夕)이 들어간 말 비교하기

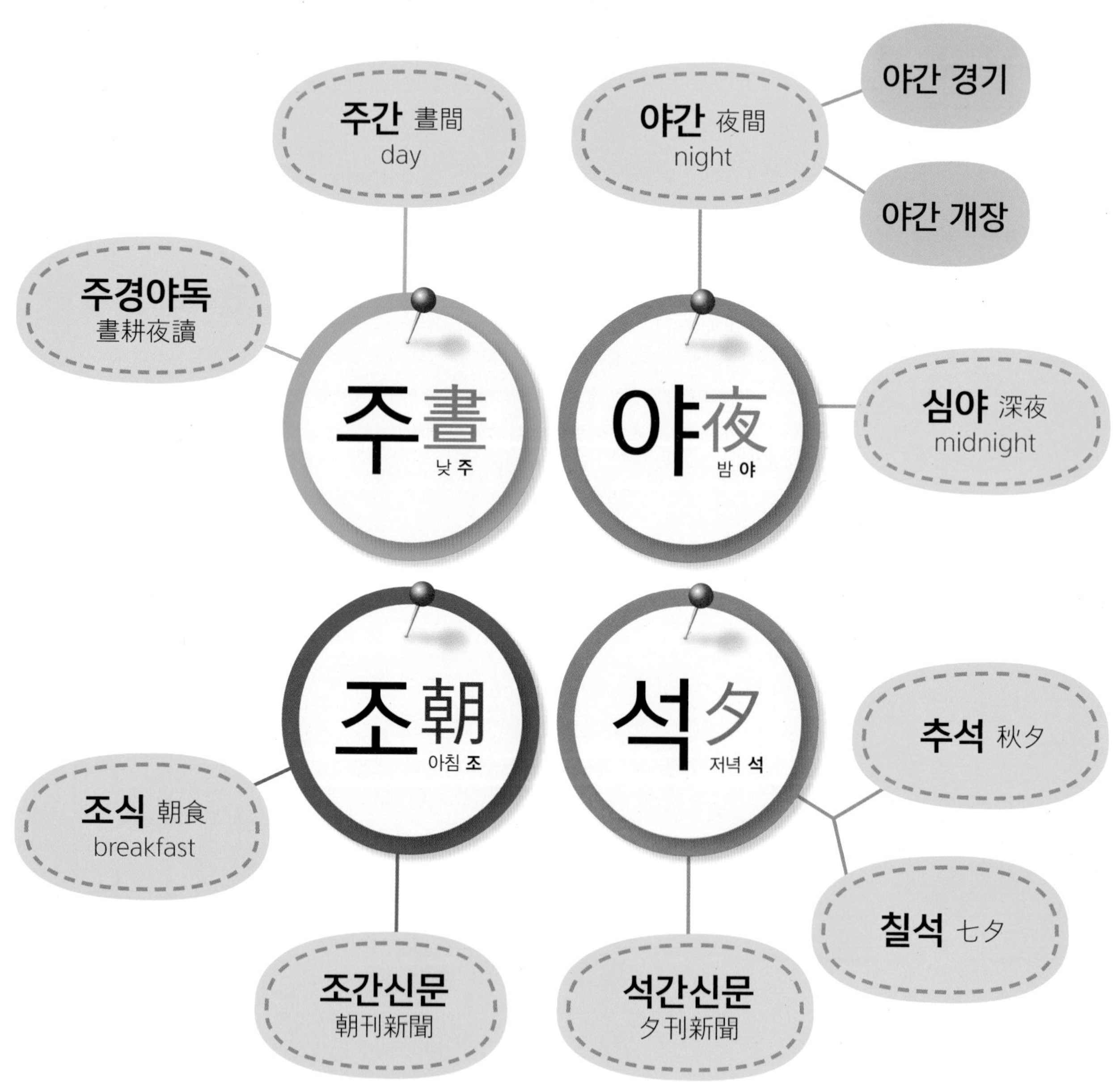

1 수지의 하루 일과예요. 빈칸에 알맞은 낱말 붙임 딱지를 붙이세요.

2 〈점 잇기 순서〉에 적힌 대로 점을 이어 보세요.

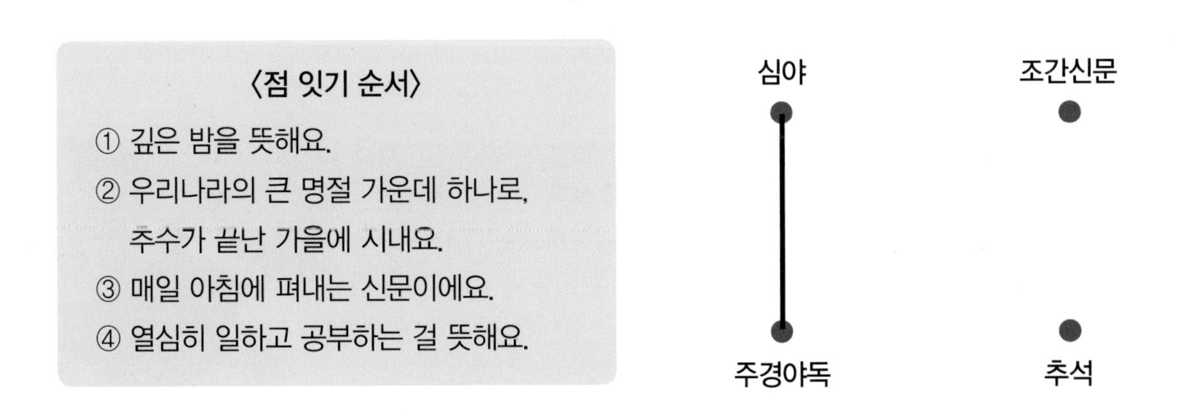

주간 vs 야간

晝(낮 주) 間(사이 간) 夜(밤 야)

'낮 주(晝)' 자가 들어간 **주간**은 낮이나 낮 동안을 의미해요. 그래서 낮에 일하는 걸 '주간 근무'라고 하지요. 주간의 상대어인 **야간**은 밤 또는 밤 동안을 말해요. 그래서 밤에 하는 경기를 '야간 경기', 가게나 시장을 밤에 여는 것을 '야간 개장'이라고 해요.

조간신문 vs 석간신문

朝(아침 조) 刊(책 펴낼 간) 新(새로울 신) 聞(들을 문) 夕(저녁 석)

아침에 펴낸 신문을 '아침 조(朝)' 자를 넣어 **조간신문**이라고 해요. 반대로 저녁에 펴낸 신문은 '저녁 석(夕)' 자를 넣어 **석간신문**이라고 하지요. 조간신문과 석간신문은 줄여서 '조간', '석간'이라고 말해요.

주경야독

晝(낮 주) 耕(밭 갈 경) 夜(밤 야) 讀(읽을 독)

주경야독은 한자 그대로 풀면 '낮에는 밭을 갈고 밤에는 책을 읽는다.'는 뜻이에요. 대부분 농사를 짓던 옛날에 어려운 중에도 꿋꿋이 공부하는 것을 일컫던 말이지요. 요즘에는 일하는 틈틈이 열심히 공부하는 걸 말해요.

심야

深(깊을 심) 夜(밤 야)

아주 깊은(깊을 심, 深) 밤을 **심야**라고 해요. 그래서 밤 12시부터 새벽까지 운행하는 버스를 '심야 버스'라고 하고, 이때 보는 영화를 '심야 영화'라고 해요.

조식

朝(아침 조) 食(먹을 식)

조식은 아침밥(아침 조, 朝)을 뜻해요. 점심밥은 '가운데 중(中)' 자를 넣어 '중식'이라고 하고, 저녁밥은 '저녁 석(夕)' 자를 넣어 '석식'이라고 하지요. 그리고 밤(밤 야, 夜)에 먹는 음식은 '야식'이라고 해요. 야식은 '밤참'과 같은 말이에요.

추석/칠석

秋(가을 추) 夕(저녁 석) 七(일곱 칠)

우리나라 명절인 추석과 칠석에는 '저녁 석(夕)' 자가 들어가요. **추석**은 가을 저녁이라는 뜻으로, 보름달이 환하게 뜨는 음력 8월 15일에 지내요. **칠석**은 음력 7월 7일(일곱 칠, 七)로, 견우와 직녀가 까마귀, 까치가 놓은 다리에서 만난다는 전설이 있어요.

우리 명절, 설날과 추석

우리나라를 대표하는 명절은 설날과 추석이에요. 설날과 추석에는 온 가족이 모여서 조상을 기리고, 특별한 음식을 먹으며 정을 나눠요. 설날과 추석은 어떤 점이 닮았고 어떤 점이 다른지 알아볼까요?

설날과 추석의 닮은 점

차례 지내기 조상을 기리는 차례를 지내요. 차례는 명절이나 조상의 생일 낮에 지내는 제사예요.

성묘 가기 성묘를 다녀와요. 성묘하러 가면 조상의 산소를 돌보고 조상께 간단히 인사를 올려요.

설날과 추석의 다른 점

설날 한겨울인 음력 1월 1일에 지내는데, 설날에는 온 가족이 모여 떡국을 먹어요.

그리고 설날에는 윷놀이, 널뛰기, 연날리기, 팽이치기 등을 하며 놀아요.

추석 가을인 음력 8월 15일에 지내는데, 햇곡식으로 만든 송편, 햇과일 등을 먹어요.

그리고 추석에는 씨름, 강강술래 등을 하며 놀아요.

1 문장을 완성할 수 있도록 필요한 글자를 두 개씩 찾아 ○ 해 주세요.

① 토요일에는 아침 8시부터 낮 12시까지

주	석	야	간

에만 문을 엽니다.

② 이번 야구 경기는 저녁 6시부터

조	주	야	간

경기로 열립니다.

2 밑줄 친 낱말을 잘못 사용한 아이 두 명을 찾아 ○ 하세요.

3 속뜻 짐작 빈칸에 알맞은 낱말을 찾아 선으로 이어 주세요.

**영어에는 아침이나 오후 등 하루의 때를 나타내는 말이 여러 가지 있어요.
어떤 말들이 있는지 알아볼까요?**

dawn

dawn은 새벽에 '동이 틀 무렵'을 뜻해요. '새벽에'라고 하려면 at dawn이라고 하면 되지요. 같은 뜻을 가진 말에는 '하루'를 뜻하는 day와 '깨다'라는 뜻이 있는 break가 합쳐진 daybreak가 있어요.

noon

noon은 '정오', 즉 낮 12시를 뜻해요. '낮 12시에'라고 하려면 at noon이라고 말하면 돼요. 낮 12시가 지난 '오후'는 afternoon, 그 전인 '오전'은 before noon이라고 해요.

3주 3일
학습 끝!
붙임 딱지 붙여요.

dusk

dusk는 해가 진 어둑어둑한 저녁을 뜻해요. '황혼'이라고도 하지요. '해 질 무렵에'라고 하려면 at dusk라고 하면 돼요.

midnight

midnight은 '자정', 즉 밤 12시를 말해요. '밤 12시에'라고 말하려면 at midnight라고 하면 돼요.

QR 찍고 발음 듣기

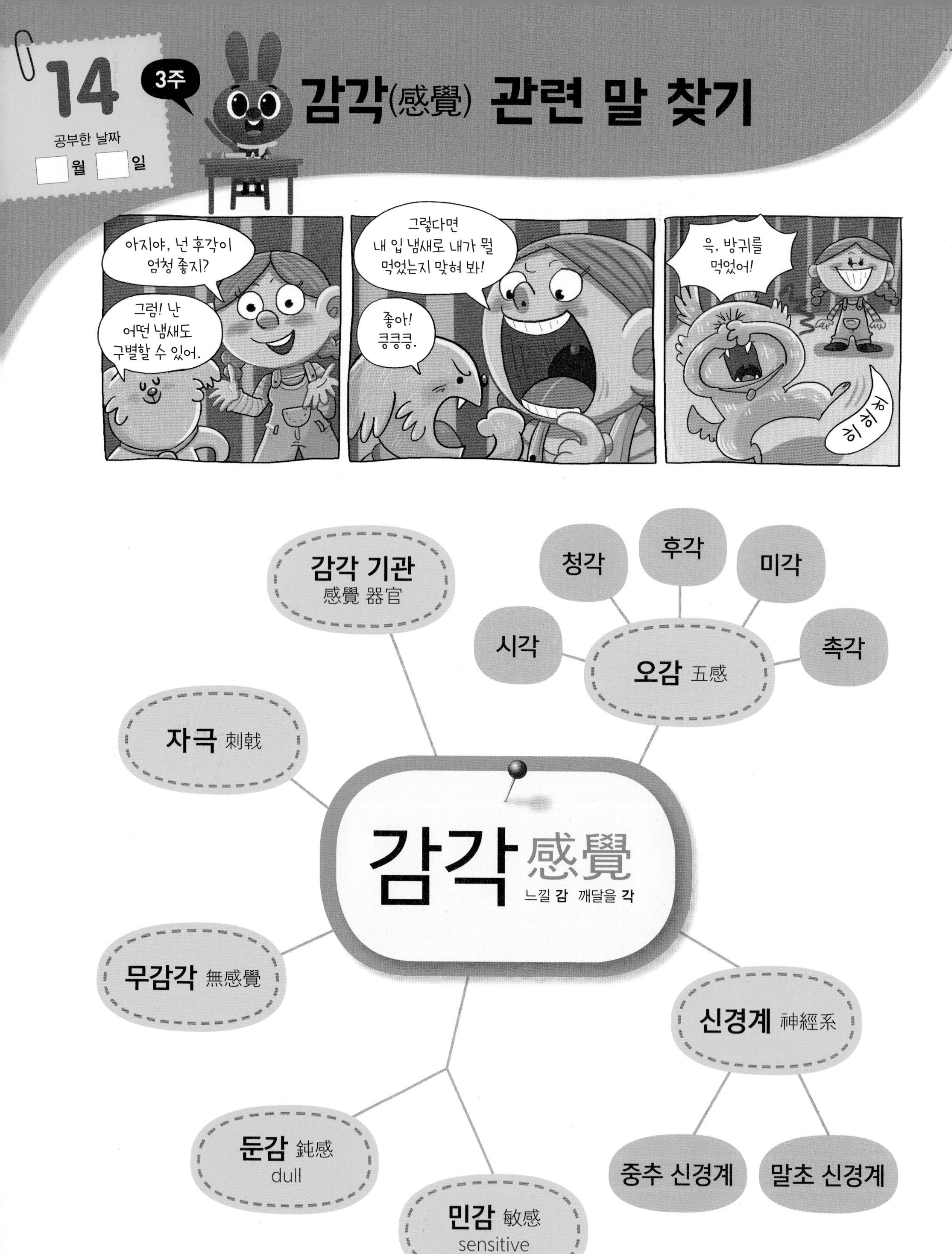
14
3주
감각(感覺) 관련 말 찾기
공부한 날짜
월 일
아지야, 넌 후각이 엄청 좋지?
그럼! 난 어떤 냄새도 구별할 수 있어.
그렇다면 내 입 냄새로 내가 뭘 먹었는지 맞혀 봐!
좋아! 킁킁킁.
윽, 방귀를 먹었어!
감각 기관 感覺 器官
청각
후각
미각
시각
오감 五感
촉각
자극 刺戟
감각 感覺 느낄 감 깨달을 각
무감각 無感覺
신경계 神經系
중추 신경계
말초 신경계
둔감 鈍感 dull
민감 敏感 sensitive

1 두더지가 꽃을 찾아가고 있어요. 길에서 만난 애벌레들이 어떤 감각을 사용하고 있는지 골라서 따라가면 꽃을 찾을 수 있어요.

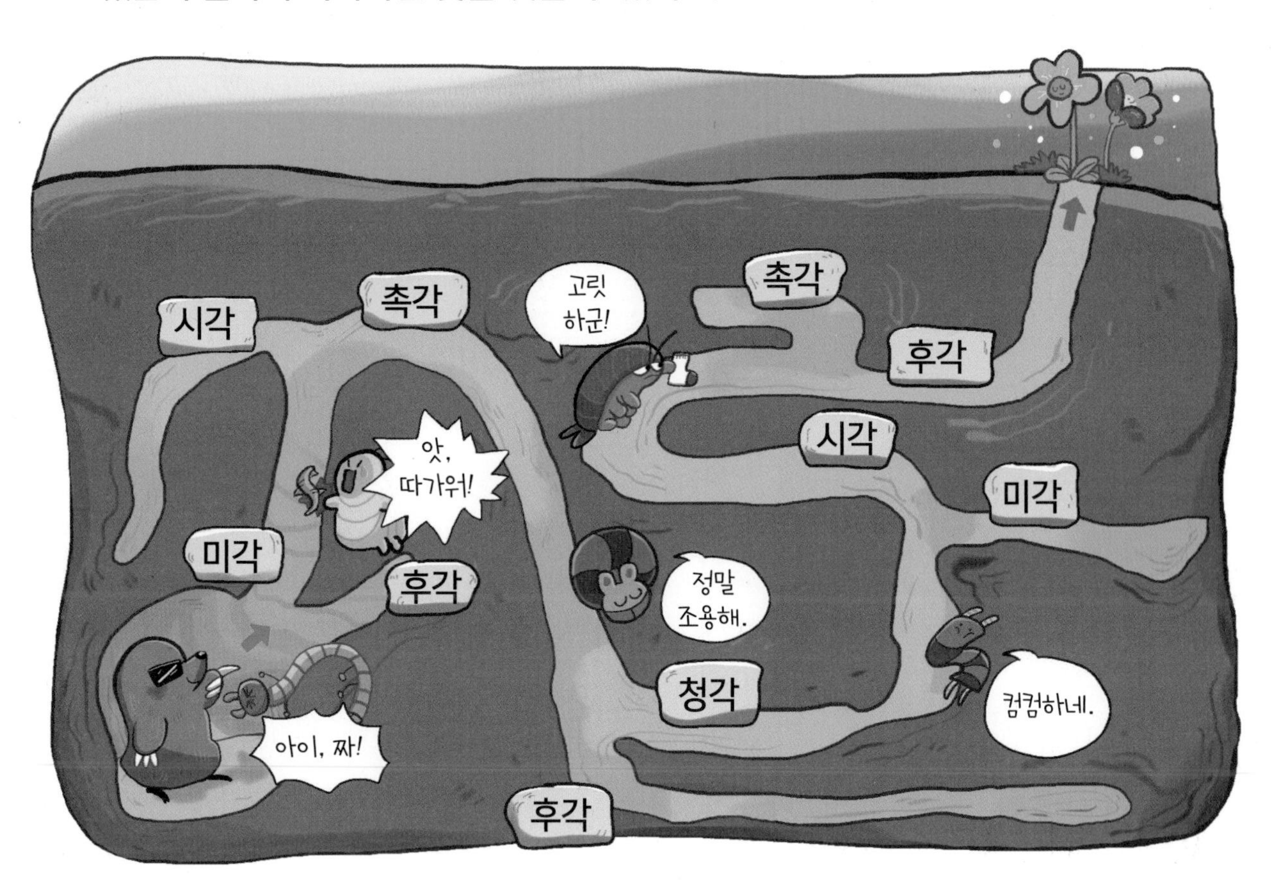

2 잘못 말한 아이 두 명을 찾아 붙임 딱지를 붙여 주세요.

교과서 말 살피기

냄새가 나거나 따갑거나 달거나 시끄러운 것처럼 우리 몸으로 느끼는 것은 모두 '감각'이에요. 그런데 우리 몸은 어떻게 바깥의 자극을 받아들이고 느낄까요? 우리 몸을 둘러보며 감각에 대해 공부해 봐요.

자극
刺(찌를 자) 戟(창 극)

손이 가시에 찔리면 아프다고 느끼죠? 가시처럼 우리를 콕 찔러 어떤 느낌이나 변화를 주는 것을 **자극**이라고 해요. 같은 자극이라도 사람에 따라 작게 느끼기도 하고 크게 느끼기도 해요.

감각 기관
感(느낄 감) 覺(깨달을 각) 器(그릇 기) 官(벼슬 관)

자극은 우리 몸에 있는 **감각 기관**으로 받아들여요. 감각 기관에는 눈, 코, 귀, 혀, 피부가 있지요. 감각 기관 가운데 귀(귀 이, 耳)나 코(코 비, 鼻), 목이 아프면 '이비인후과'에 가고, 눈(눈 안, 眼)이 아프면 '안과'에 가서 치료를 받아요.

오감
五(다섯 오) 感(느낄 감)

감각 기관을 통해 느끼는 다섯 가지 감각을 **오감**이라고 해요. 오감에는 눈으로 보는(볼 시, 視) '시각', 귀로 듣는(들을 청, 聽) '청각', 냄새를 맡는(맡을 후, 嗅) '후각', 맛(맛 미, 味)을 느끼는 '미각', 피부에 닿아서(닿을 촉, 觸) 느끼는 '촉각'이 있어요.

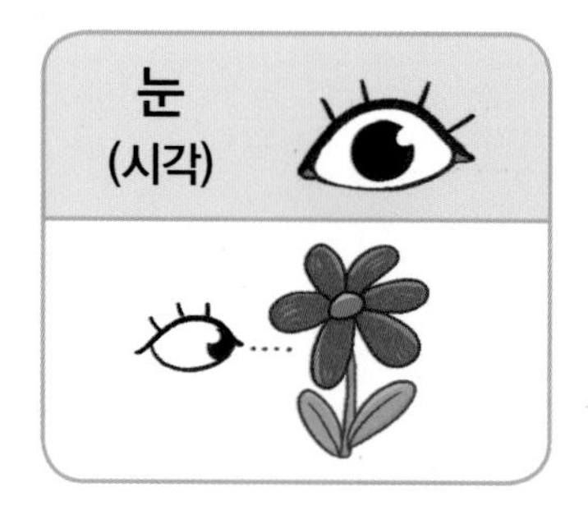

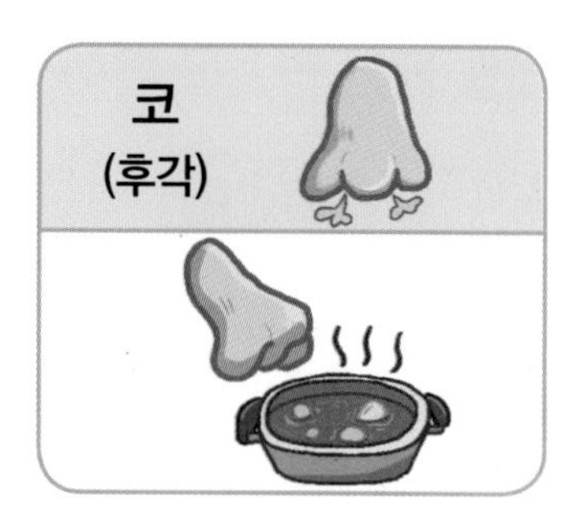

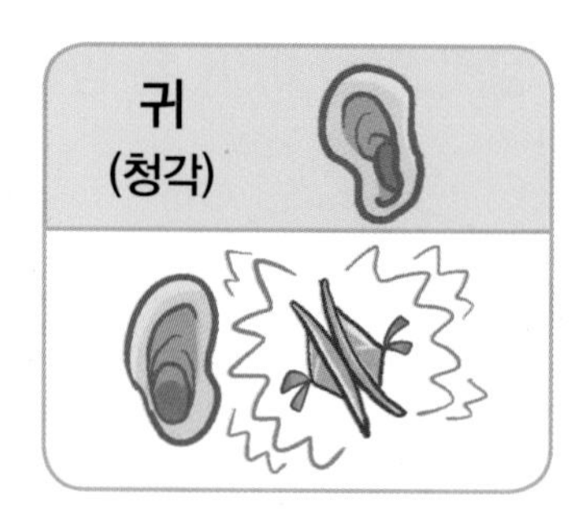

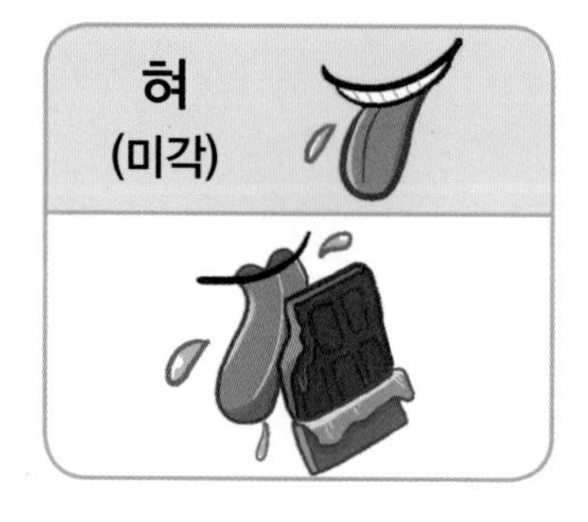

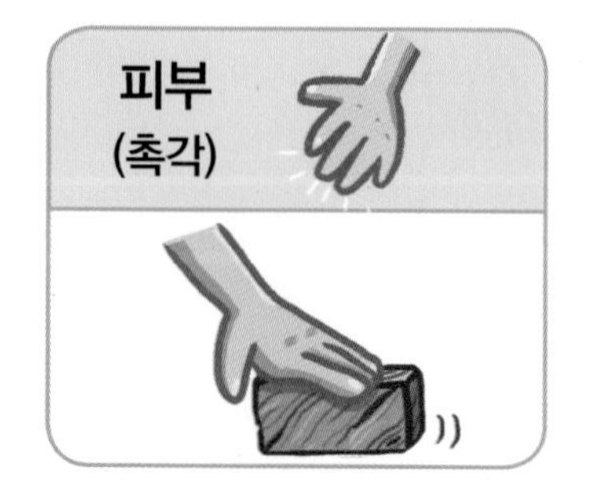

신경계

神(귀신 신) 經(지날/글 경)
系(이어 맬 계)

눈, 코, 귀, 혀, 피부로 느낀 감각은 어떻게 우리 뇌로 전달될까요? 그 일은 '신경'이 담당해요. 우리 몸 곳곳에 퍼져 있는 신경은 감각 기관이 무언가를 느끼면 그 느낌을 곧바로 뇌에 전달해요. 예를 들어 피부가 뜨거운 걸 만지면, 신경이 그 감각을 뇌에 전달하고, 뇌는 뜨거우니 위험하다는 신호를 보내서 몸이 뜨거운 것에서 손을 떼게 만들어요. 이렇게 감각 기관에서 뇌까지 신호가 오고 가는 곳을 **신경계**라고 불러요. 신경계는 중심(가운데 중, 中)이 되는 '중추 신경계'와 나무 끝(끝 말, 末)에 달린 나뭇가지(나무 끝 초, 梢)처럼 여기저기 뻗어 있는 '말초 신경계'로 이루어져 있어요.

민감/둔감

敏(재빠를 민) 感(느낄 감)
鈍(무딜 둔)

감각 기관을 통해 받아들인 자극은 신경계를 통해 우리 몸으로 퍼져요. 그런데 자극을 느끼는 정도는 사람마다 많이 다르답니다. 어떤 사람은 작은 자극도 재빨리 느껴 빠르게 반응하고, 또 어떤 사람은 큰 자극도 덜 느껴 무덤덤하게 반응하지요. 이렇게 자극을 빨리 느끼면 '재빠를 민(敏)' 자를 써서 **민감**하다고 해요. 반대로 자극에 둔하면 '무딜 둔(鈍)' 자를 써서 **둔감**하다고 한답니다.

무감각

無(없을 무) 感(느낄 감)
覺(깨달을 각)

큰 소리가 나거나 무서운 걸 봐도 별로 놀라지 않는 사람들이 있어요. 이렇게 감각이 많이 무딘 사람을 '없을 무(無)' 자를 붙여서 **무감각**하다고 해요. 감각이 무딘 이유는 신경계에 문제가 생겼거나 다른 사람이나 주변 상황에 관심이 없기 때문일 수도 있어요.

1 그림 속에서 '민감'한 아이에게는 ○, '둔감'한 아이에게는 △ 하세요.

2 기차의 빈칸에 들어갈 낱말을 찾아 번호로 써 주세요.

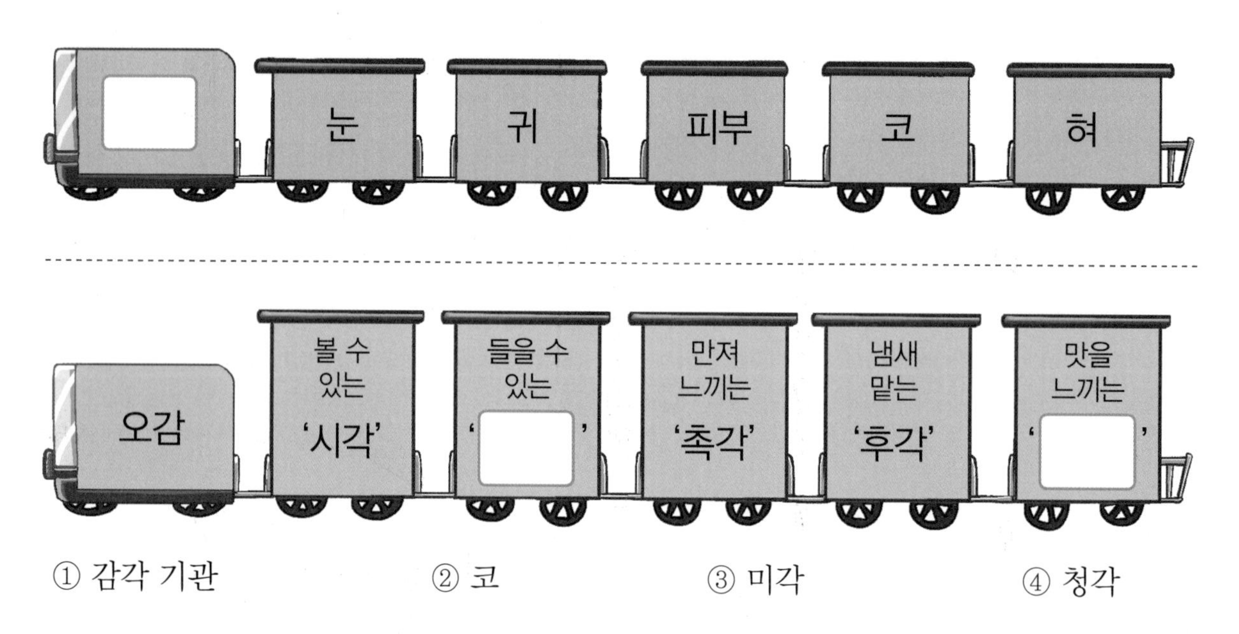

① 감각 기관　② 코　③ 미각　④ 청각

3 아이의 설명을 읽고, 아이가 가야 할 병원을 찾아 선으로 이어 주세요.

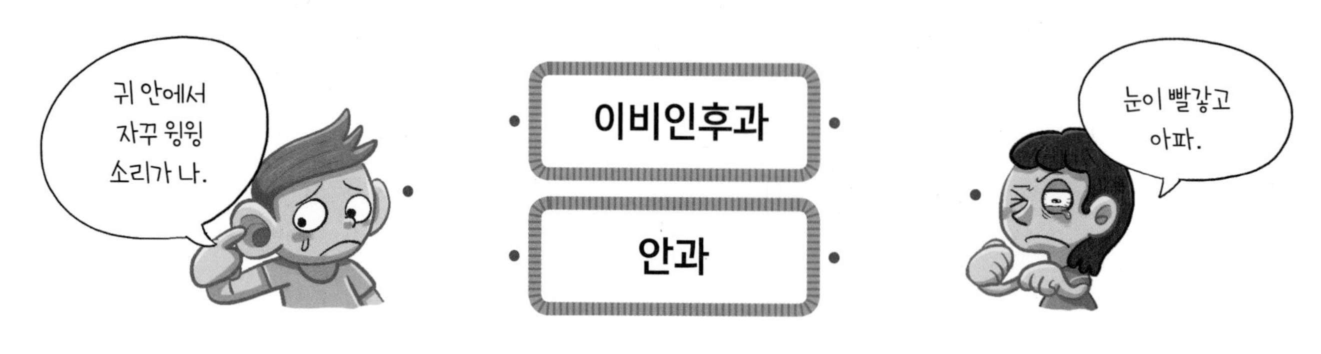

우리 몸에는 감각을 느끼는 다섯 가지 감각 기관이 있어요.
감각 기관을 영어로는 어떻게 부르는지 알아볼까요?

eye

eye는 '눈'이에요. 눈은 감각 기관 중에서 바깥의 정보를 가장 많이 받아들이는 곳이지요. 눈은 내 마음을 드러내는 곳이기도 한데, 다른 사람과 이야기할 때는 눈을 마주치는 eye contact를 하는 게 좋아요.

skin

skin은 '피부'예요. 피부는 얼굴뿐 아니라 온몸을 덮고 있지요. skin은 사람의 피부뿐 아니라 동물의 가죽도 뜻해요.

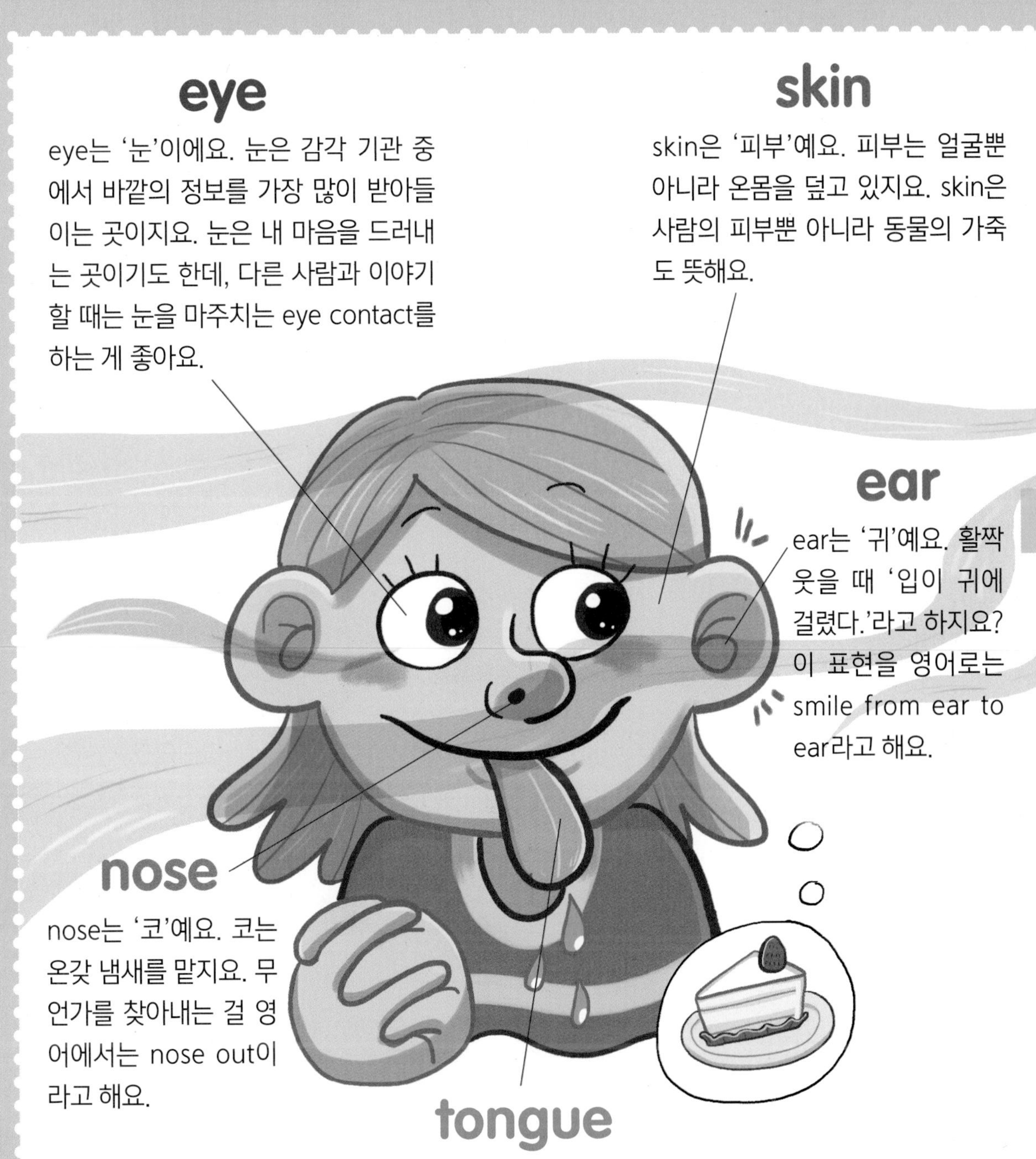

ear

ear는 '귀'예요. 활짝 웃을 때 '입이 귀에 걸렸다.'라고 하지요? 이 표현을 영어로는 smile from ear to ear라고 해요.

nose

nose는 '코'예요. 코는 온갖 냄새를 맡지요. 무언가를 찾아내는 걸 영어에서는 nose out이라고 해요.

tongue

tongue은 '혀'예요. 혀는 맛을 보는 감각 기관이지만 말을 하는 기관이기도 해요. 그래서 말과 관련해서도 자주 쓰이는데, 자기 나라 말을 뜻하는 '모국어'는 영어로 mother tongue 라고 해요.

3주 4일 학습 끝!
붙임 딱지 붙여요.

QR 찍고 발음 듣기

15
3주
시간(時間) 관련 말 찾기
공부한 날짜
월 일
내가 벌써 열 살이라니…….
인생이 순간처럼 느껴져.
쳇, 하루살이 앞에서 주름잡는군.
난 벌써 인생의 반이 지났다고!
시간 時間
때 시 사이 간
초
분
시
시계 時計 clock
오전
오후
하루 day
금시 今時
잠시 暫時
순간 瞬間
과거 過去 past
현재 現在 present
미래 未來 future
전생
인생 人生 life
현세
내세
달력 -曆 calendar
양력
음력

1 아이가 하는 말을 읽고, 언제의 일인지 보기에서 찾아 써 주세요.

2 뜻풀이에 해당하는 낱말을 찾아 선으로 연결해 주세요.

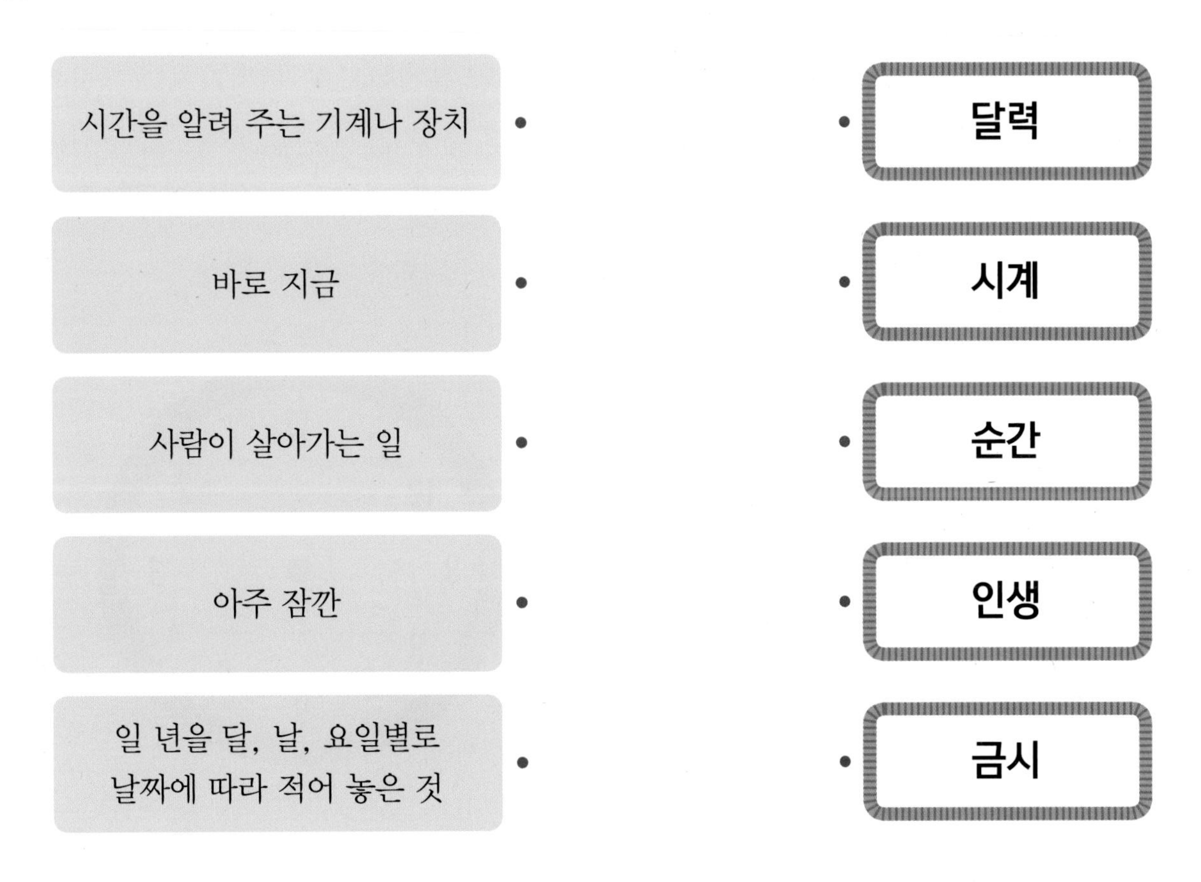

뜻풀이	낱말
시간을 알려 주는 기계나 장치 •	• 달력
바로 지금 •	• 시계
사람이 살아가는 일 •	• 순간
아주 잠깐 •	• 인생
일 년을 달, 날, 요일별로 날짜에 따라 적어 놓은 것 •	• 금시

교과서 말 살피기

몇 시, 몇 분, 하루, 인생처럼 우리는 하루에도 여러 번 시간과 관련 있는 말들을 들어요. 시간은 우리 생활과 아주 관련이 깊거든요. 시간을 나타내는 여러 낱말을 알아보면서, 시간이 얼마나 소중한지 생각해 봐요.

순간/잠시/금시

瞬(눈 깜짝할 순) 間(사이 간)
暫(잠깐 잠) 時(때 시) 今(이제 금)

우리가 쓰는 말 중에는 아주 짧은 시간을 가리키는 낱말들이 있어요. 순간, 잠시, 금시 등이 그렇지요. **순간**은 눈을 깜짝하는(눈 깜짝할 순, 瞬) 사이(사이 간, 間)라는 뜻으로, 매우 짧은 시간을 나타내요. **잠시** 역시 잠깐(잠깐 잠, 暫)의 때(때 시, 時)라는 뜻이지요. 그리고 **금시**는 '이제 금(今)' 자를 써서 바로 지금이라는 뜻이에요. '금세'는 '금시에'를 줄인 말이지요.

시계

時(때 시) 計(셀 계)

시계는 지금이 몇 시인지 알려 주는 기계나 장치예요. 그래서 몇 시인지 알려 주는 '시침', 몇 분인지 알려 주는 '분침', 몇 초인지 알려 주는 '초침'이 있지요. 초침이 한 칸을 움직이면 1초가 되고, 한 바퀴를 돌면 60초, 즉 1분이 돼요. 그러면 분침이 한 칸 움직이지요. 마찬가지로 분침이 한 바퀴를 돌면 60분, 즉 1시간이 돼요. 그러면 시침이 한 칸 움직이지요. 시침이 한 바퀴를 다 돌면 12시간이 지나고, 시침이 두 바퀴를 돌면 하루가 지나요. 하루는 24시간이거든요.

하루

하루는 오전과 오후로 나눠요. 하루의 중간이 되는 낮 12시를 '바를 정(正)' 자와 '낮 오(午)' 자를 합쳐 '정오'라고 하는데, 정오는 오전과 오후의 기준이 돼요. 그래서 정오보다 앞선(앞 전, 前) 시간은 '오전', 정오보다 뒤(뒤 후, 後)인 시간은 '오후'라고 부르지요. 시간으로 따지면, 밤 12시부터 낮 12시까지는 오전이고, 낮 12시부터 밤 12시까지는 오후예요.

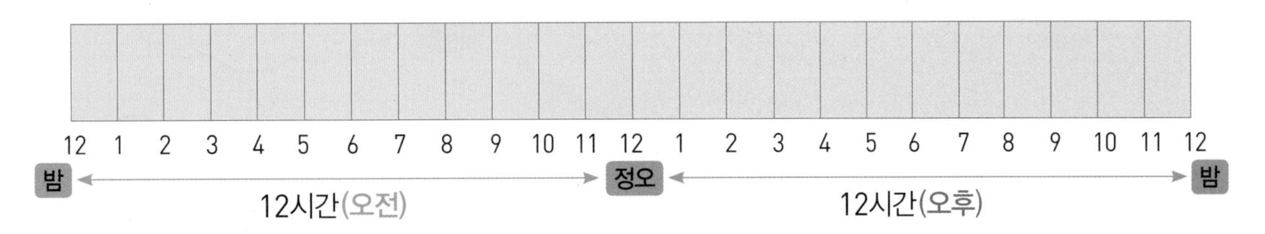

과거/현재/미래

過(지날 과) 去(갈 거)
現(나타날 현) 在(있을 재)
未(아닐 미) 來(올 래/내)

우리 눈에 보이고(나타날 현, 現) 우리가 있는(있을 재, 在) 시간은 **현재**라고 해요. 현재를 중심으로, 지나간 시간은 **과거**(지날 과 過, 갈 거 去)라고 하고, 아직 오지(올 래/내, 來) 않은(아닐 미, 未) 시간은 **미래**라고 해요.

달력

曆(책력 력)

달력은 일 년을 달, 날, 요일에 맞춰 날짜대로 적어 놓은 거예요. 달력에는 나라가 기념하는 국경일과 명절 등이 적혀 있지요. 그런데 달력을 잘 보면, 양력과 음력이 있는 것을 알 수 있어요. '양력'은 태양을 기준으로 계절의 변화를 계산해 만든 달력이고, '음력'은 달을 기준으로 계절의 변화를 계산해 만든 달력이지요. 그래서 양력과 음력은 같은 날이어도 날짜가 서로 달라요.

인생

人(사람 인) 生(날 생)

인생은 사람이 살아가는 일로, 태어나서 죽을 때까지를 가리켜요. 고유어인 '삶'과 비슷하지요. 불교에서는 사람의 인생이 전생, 현세, 내세로 이루어져 있다고 믿어요. 태어나기 전(앞 전, 前)의 인생이 '전생', 지금 눈에 나타나 있는(나타날 현, 現) 인생이 '현세', 그리고 죽은 뒤에 다가올(올 래/내, 來) 인생이 '내세'예요.

1 빈칸에 알맞은 글자를 써 주세요.

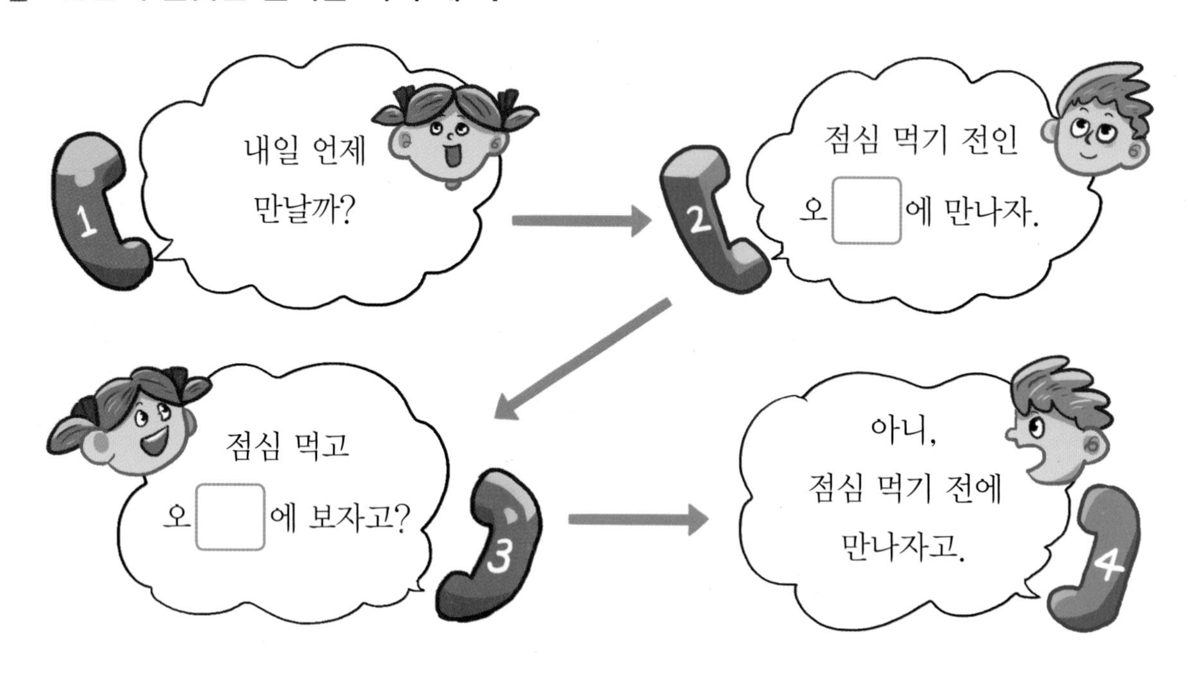

2 밑줄 친 부분과 관련이 없는 낱말을 골라 X 하세요.

마술사의 모자에서 토끼가 **눈 깜짝할 사이**에 사라졌어.	금시	순간
	찰나	미래
시계를 보면 시간을 알 수 있어.	초	요일
	시	분
달력을 펼쳐서 휴일을 세어 보았어.	전생	달
	음력	양력
일기를 쓰면서 **오늘** 한 일을 생각해 봤어.	오후	내세
	하루	오전

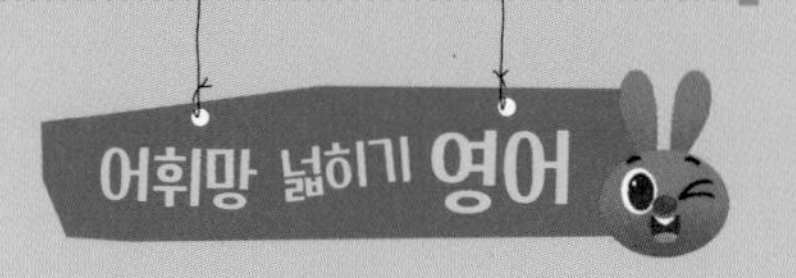

우리는 시간을 몇 시, 몇 분, 몇 초라고 구분해요.
영어로는 어떻게 시간을 나눠서 부르는지 살펴볼까요?

hour

hour는 시간을 구분하는 단위 가운데 '시'예요. '나는 2시간 동안 공부했어.'라고 말하려면 'I studied for 2 hours.'라고 해요. 그런데 시간이 아니라 시각을 말할 때는 hour 대신 o'clock을 써요. 그래서 '지금은 2시야.'라고 말하려면 'It's 2 o'clock.'이라고 해요.

minute

minute은 '분'이라는 뜻이에요. 한 시간의 반인 '30분'을 나타낼 때에는 thirty minutes라고 하거나, '반'이라는 뜻을 가진 half를 써서 half an hour라고 해요.

second

second는 시간의 단위 가운데 가장 작은 '초'예요. 그래서 '아주 짧은 시간'이라는 의미로도 쓰지요. 'Wait a second!'라고 하면 '잠깐만 기다려!'라는 뜻이에요.

What time is it?
(지금 몇 시야?)

It's 2 o'clock.
(2시야.)

3주 5일
학습 끝!
붙임 딱지 붙여요.

QR 찍고 발음 듣기

원숭이 먹이 개수 '조삼모사'

조삼모사(아침 조 朝, 석 삼 三, 저물 모 暮, 넉 사 四): '얕은 꾀로 남을 속인다'는 뜻의 고사성어예요.

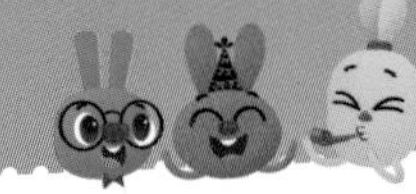

contents

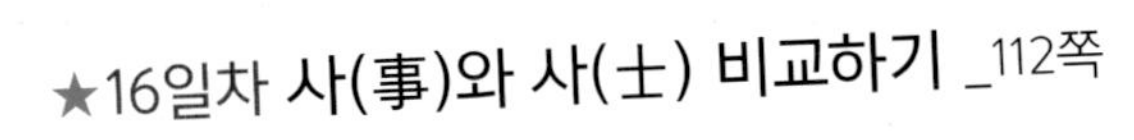

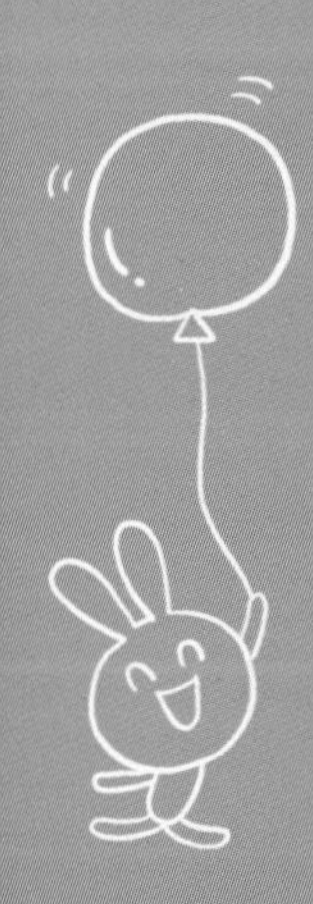

PART 3

PART3에서는 소리나 뜻이 비슷해서
헷갈리기 쉬운 낱말들을 비교하며 배워요.

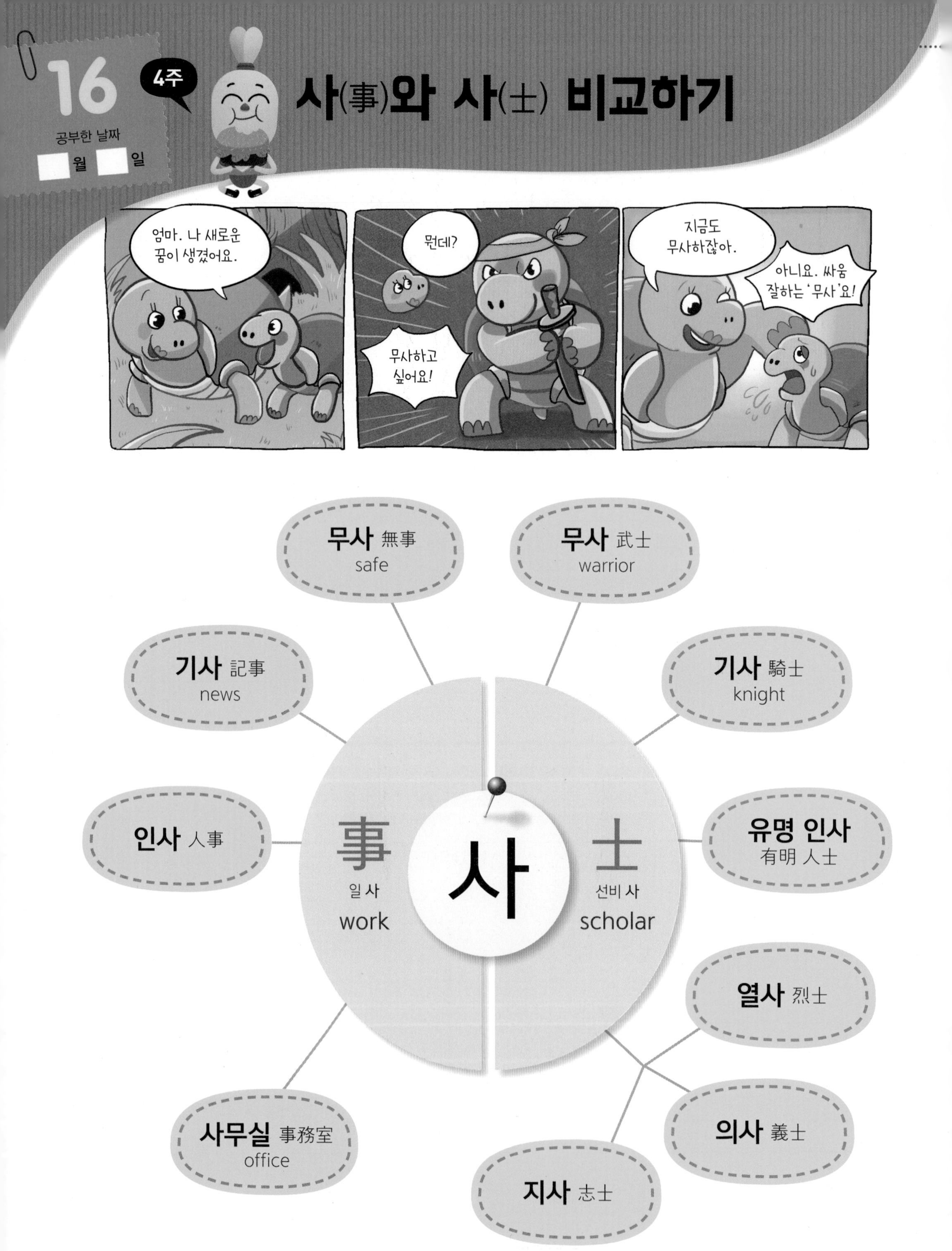
16
공부한 날짜
월 일
4주
사(事)와 사(士) 비교하기
엄마. 나 새로운 꿈이 생겼어요.
뭔데?
무사하고 싶어요!
지금도 무사하잖아.
아니요. 싸움 잘하는 '무사'요!
무사 無事 safe
기사 記事 news
인사 人事
사무실 事務室 office
事 일 사 work
사
士 선비 사 scholar
무사 武士 warrior
기사 騎士 knight
유명 인사 有明 人士
열사 烈士
의사 義士
지사 志士

1 밑줄 친 낱말 가운데 사람을 나타내는 것만 골라 ○ 해 보세요.

2 뜻풀이에 어울리는 그림을 찾아 선으로 연결해 주세요.

무예가 뛰어나 관련 일을 하는 사람

회사에서 사람을 뽑거나 평가하는 일

사실을 적은 글

나라를 위해 맨몸으로 싸운 사람

무사 vs 무사

無(없을 무) 事(일 사)
武(굳셀 무) 士(선비 사)

'무사해서 다행이야.'라고 할 때 **무사**는 아무 일(일 사, 事)이 없다(없을 무, 無)는 뜻이에요. 그래서 '무사태평하다'고 하면 아무 탈 없이 편안하다는 말이에요. 반면 '굳셀 무(武)'와 '선비 사(士)' 자를 쓴 **무사**는 무술을 익혀서 전쟁이나 싸움에 나서는 일을 직업으로 삼던 사람이에요.

기사 vs 기사

記(기록할 기) 事(일 사)
騎(말 탈 기) 士(선비 사)

기사는 실제 일어난 일(일 사, 事)을 기록한(기록할 기, 記) 글이에요. 주로 어떤 사건을 취재해서 적은 신문과 잡지의 글을 가리키지요. 반면 '선비 사(士)' 자가 들어간 **기사**는 말을 타고(말 탈 기, 騎) 싸우는 사람을 가리켜요. 기사는 주로 중세 시대에 유럽에서 활약하던 사람이에요.

인사 vs 유명 인사

人(사람 인) 事(일 사)
有(있을 유) 名(이름 명) 士(선비 사)

'일 사(事)' 자가 들어간 **인사**에는 만나거나 헤어질 때 하는 '인사'라는 뜻과 회사에서 직원을 뽑고 평가하는 '인사'라는 뜻이 있어요. 반면 '선비 사(士)' 자가 들어간 '인사'는 사회 활동이 많거나 사회적 지위가 높은 사람이에요. 사람들에게 널리 알려진 사람은 **유명 인사**라고 해요.

사무실

事(일 사) 務(힘쓸 무) 室(집 실)

맡은 일(일 사, 事)에 힘쓰는(힘쓸 무, 務) 것을 '사무'라고 해요. **사무실**은 사무를 보는 방이지요. 그리고 사무를 볼 때 쓰는(쓸 용, 用) 물건(물건 품, 品)들은 '사무 용품'이라고 불러요.

열사/의사

烈(매울/뜨거울 렬/열) 士(선비 사)
義(옳을 의)

열사, 의사, 지사는 모두 나라를 위해 일한 사람들이에요. 나라를 위해 맨몸으로 뜨겁게(매울/뜨거울 렬/열, 烈) 싸운 사람은 **열사**, 무력으로 저항한 의로운(옳을 의, 義) 사람은 **의사**, 몸 바쳐 일하려는 뜻(뜻 지, 志)을 품은 사람은 '지사'라고 해요.

조선의 선비와 유럽의 기사

조선 시대에는 선비가 있었어요. 공부를 많이 한 사람으로, 나라를 이끄는 역할을 했지요. 비슷한 시기에 먼 유럽에는 '기사'라 불리는 사람들이 나라의 중심이 되었어요. 기사는 공부보다 무술에 뛰어난 사람들이었지요. 선비와 기사, 이들을 비교해 볼까요?

선비

선비의 신분

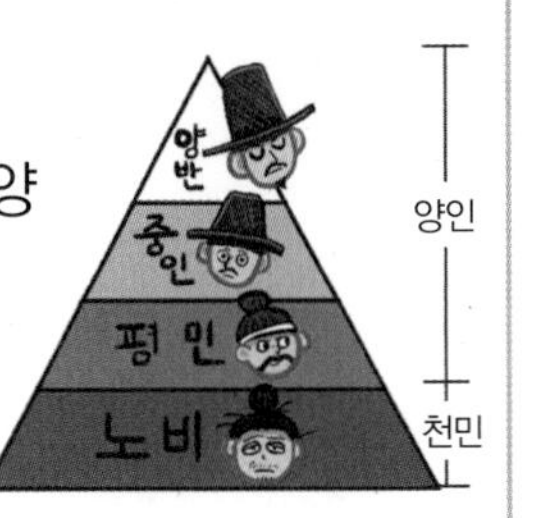

조선 시대에는 신분을 양인과 천민으로 나눴어요. '선비'는 양인에 포함된 사람으로, 열심히 공부해서 어진 마음과 지식을 갖추려고 노력했어요.

선비의 어린 시절

선비는 어릴 때부터 글을 배워 과거 시험을 준비했어요. 과거에 합격해 벼슬에 오르면, 나라를 위해 많은 일을 했어요.

선비 정신

선비는 의리와 지조를 중요하게 여겼고, 청렴하게 생활하려고 애썼어요.

선비의 물건

선비 방에는 '문방사우'가 있었어요. 문방사우는 선비가 가까이 하는 네 가지(넉 사, 四) 친구(벗 우, 友)로 벼루, 먹, 붓, 종이를 일컬어요.

기사

기사의 신분

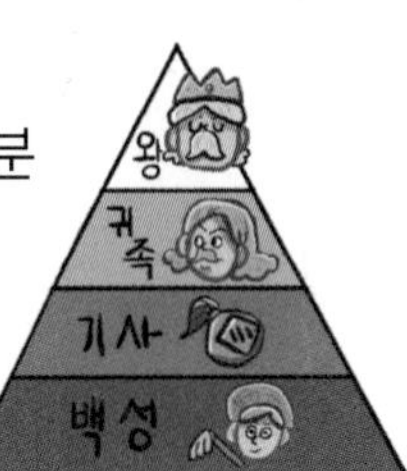

기사는 중세 유럽에서 신분이 높은 왕이나 제후에게 충성하고, 신분이 낮은 백성을 보호했어요.

기사의 어린 시절

기사는 어려서부터 다른 기사를 도우며 칼과 말 다루는 법을 익혔어요. 이때는 '기사를 모시는 아이'라는 뜻으로 '시동'이라 불렸어요.

기사도

기사는 용맹하며 자비롭고, 예의 바르게 행동했어요.

기사의 물건

기사들은 싸움에 자주 나가기 때문에 쇠나 가죽으로 만든 갑옷과 칼, 그리고 말을 매우 소중히 여겼어요.

1 밑줄 친 '사'에 쓰인 한자를 찾아 선으로 이어 주세요.

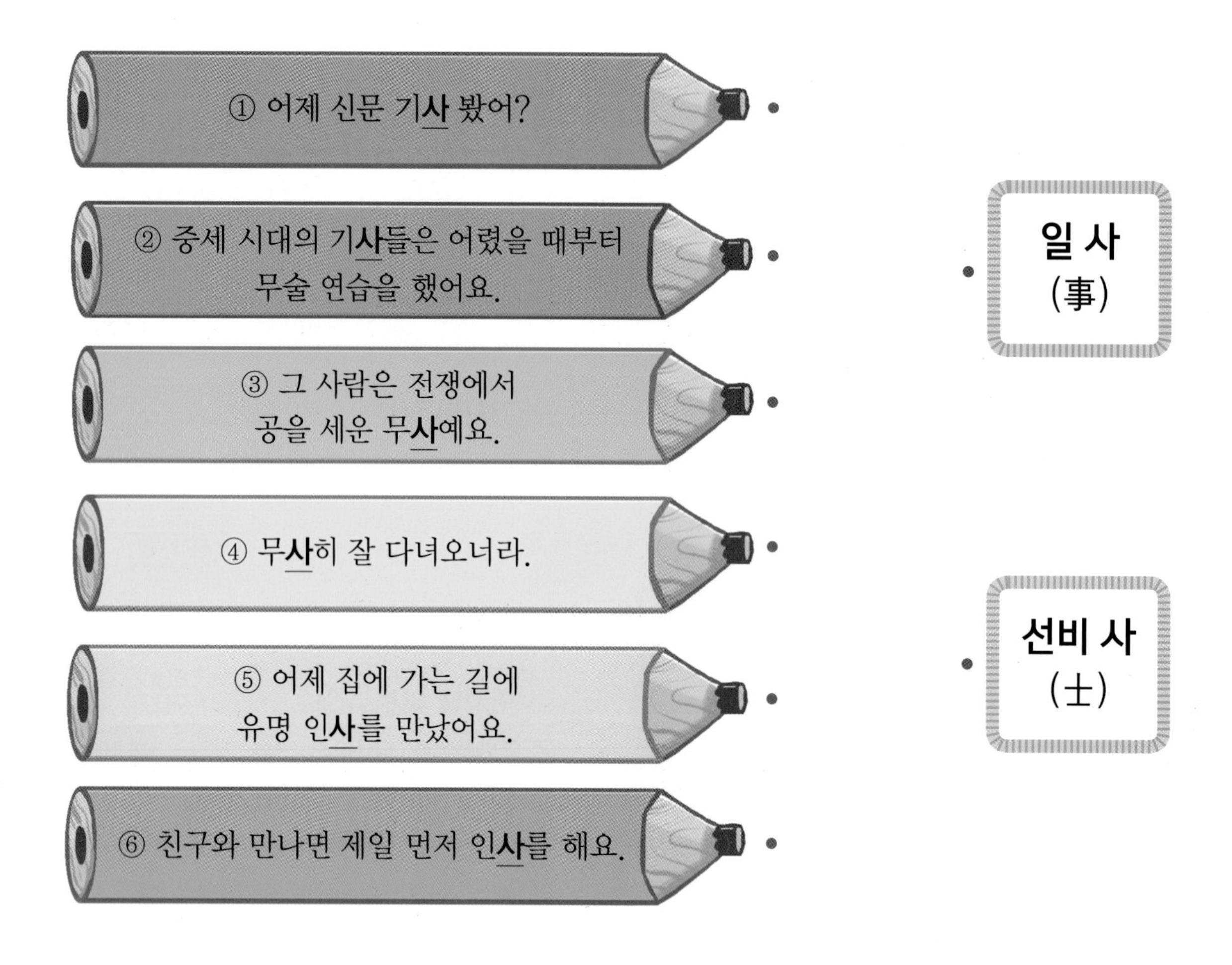

2 속뜻 짐작 밑줄 친 낱말의 뜻을 찾아 (　　)에 번호로 써 주세요.

① 죽은 사람을 땅에 묻는 일
(장사 지낼 장 葬, 일 사 事)

② 우람하고 힘센 사람
(씩씩할 장 壯, 선비 사 士)

앞에서 직업 가운데 회사원, 선생님, 연예인, 운전사를 영어로 배웠지요?
또 다른 직업을 영어로 알아볼까요?

firefighter

firefighter는 '불'을 뜻하는 fire와 '전사'를 뜻하는 fighter가 합쳐진 말이에요. 다른 사람을 위해 불과 싸우는 사람이라고 하면 어떤 직업이 떠오르나요? 맞아요. '소방관'이 바로 firefighter예요.

police officer

'경찰'은 남자만 할 수 있는 직업이 아니라서 policeman이라고 하지 않고 police officer라고 해요. 경찰관들이 일하는 '경찰서'는 '역'이나 '장소'를 뜻하는 station을 더해 police station이라고 해요.

actor

어떤 행동에 -or이나 -er이 붙으면 그 행동을 하는 사람이 돼요. 그래서 '연기하다'라는 뜻의 act 역시 -or이 붙으면 '연기자'가 된답니다. actor는 주로 '남성 연기자'를 뜻하고, '여성 연기자'는 actress라고 해요.

cook

cook은 '요리하다'라는 뜻과 '요리사'라는 뜻을 모두 가지고 있어요. cook에 -er을 붙인 cooker는 '요리 도구'를 뜻해요.

4주 1일 학습 끝!
붙임 딱지 붙여요.

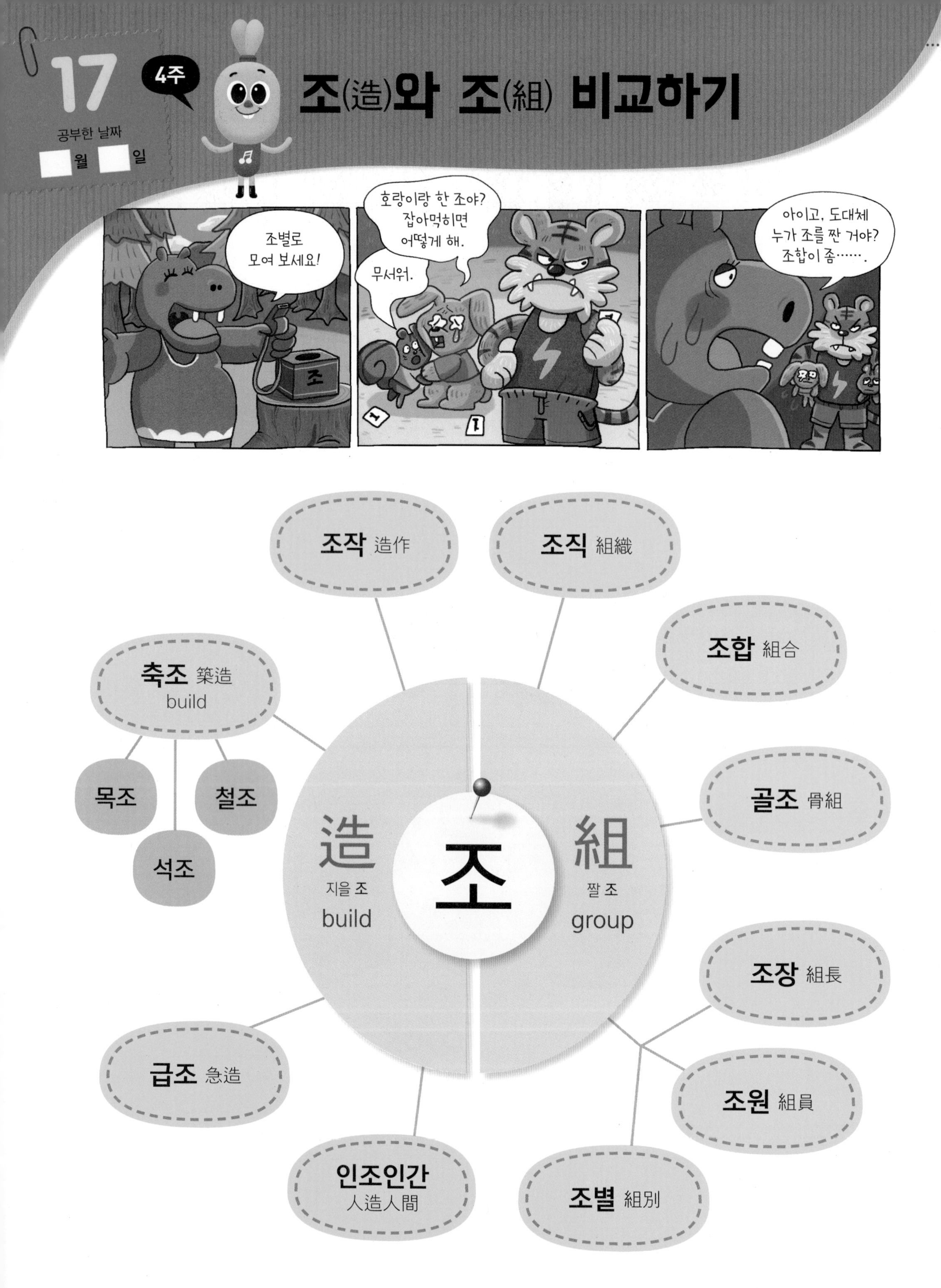
17
4주
조(造)와 조(組) 비교하기
공부한 날짜
월
일
조별로
모여 보세요!
호랑이랑 한 조야?
잡아먹히면
어떻게 해.
무서워.
아이고, 도대체
누가 조를 짠 거야?
조합이 좀…….
조
造
지을 조
build
組
짤 조
group
조작 造作
조직 組織
조합 組合
축조 築造
build
목조
철조
석조
골조 骨組
조장 組長
급조 急造
조원 組員
인조인간
人造人間
조별 組別

1 그림을 보고 빈칸에 어울리는 낱말을 찾아 선으로 이어 보세요.

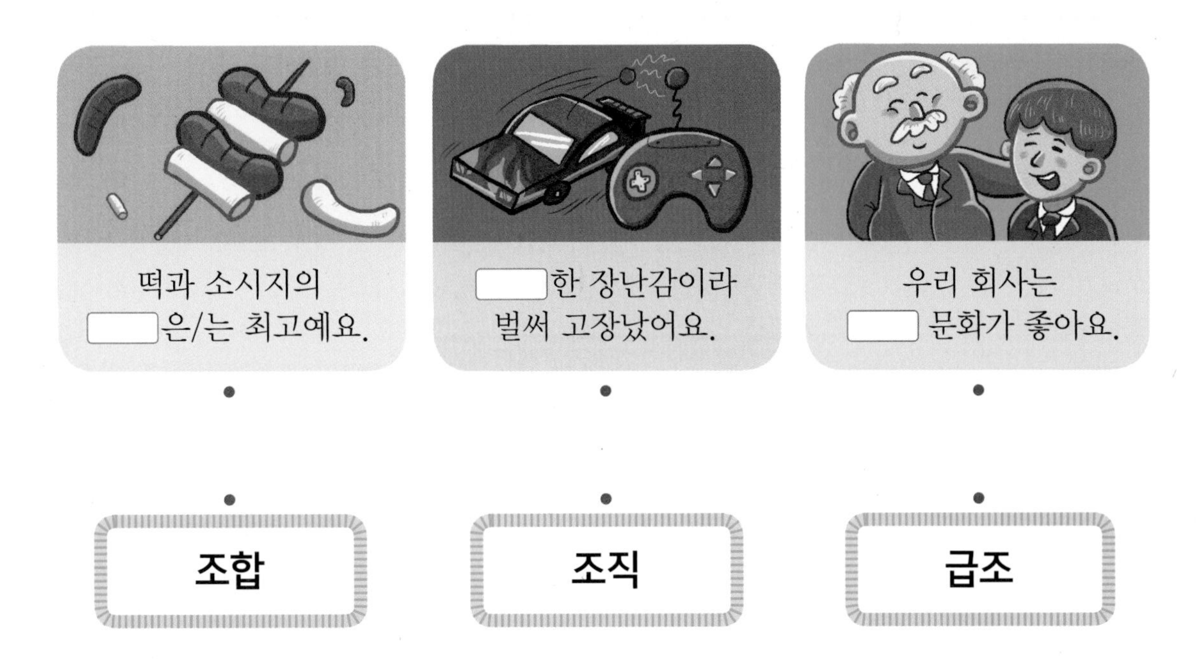

2 사다리를 타고 내려가면 설명하는 낱말을 만날 수 있어요. 초성을 참고해 빈칸에 여러분이 직접 글자를 써 주세요.

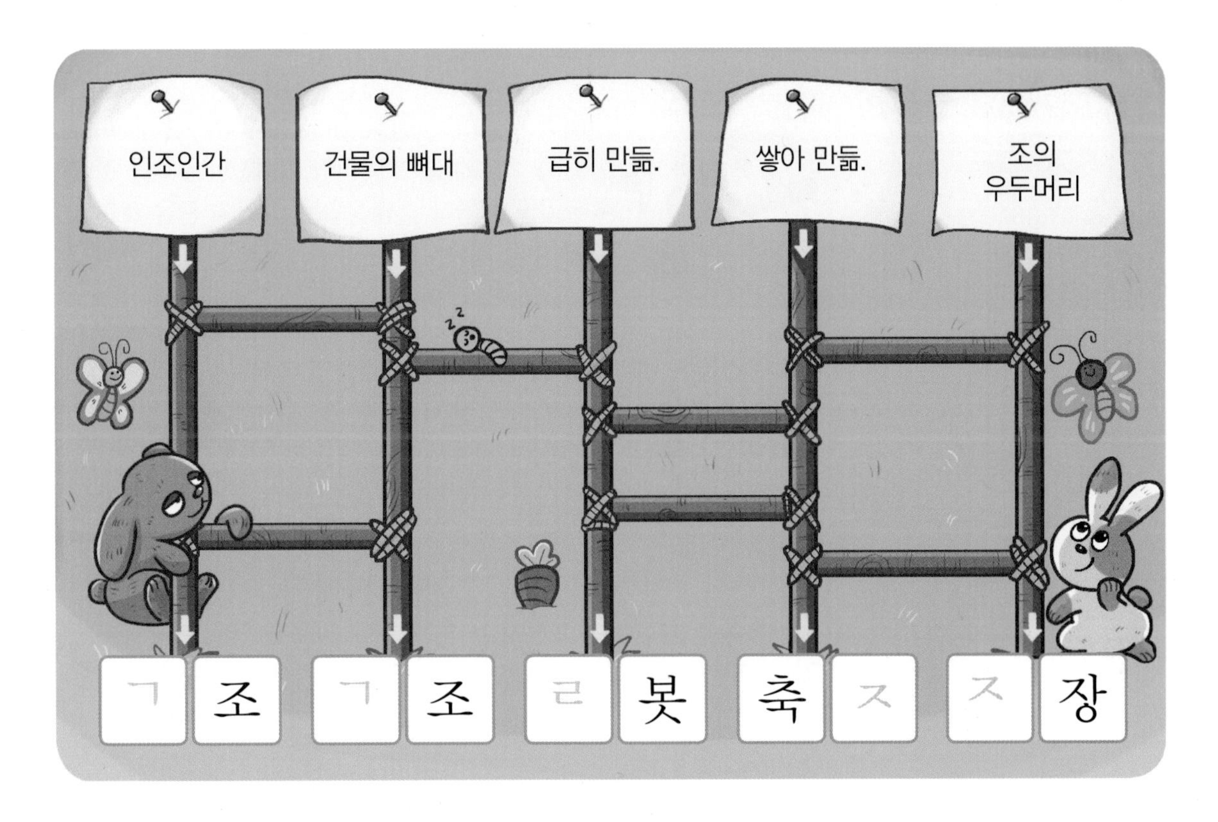

조작 vs 조직

造(지을 조) 作(지을 작)
組(짤 조) 織(짤 직)

조작은 가짜를 진짜처럼 만드는 것, 사실이 아닌데 사실처럼 꾸미는 것이에요. '그 사건은 조작되었다.'처럼 쓰지요. 반면 소리가 비슷한 **조직**은 흩어져 있던 것을 모아서 짜임새 있게 만드는 것이에요. '모임 등을 조직한다.'고 하지요. 또 옷감인 천의 짜임새를 '옷의 조직'이라고 불러요.

축조

築(쌓을 축) 造(지을 조)

축조는 쌓아서(쌓을 축, 築) 만드는(지을 조, 造) 거예요. 재료에 따라, 나무(나무 목, 木)로 지으면 '목조', 쇠(쇠 철, 鐵)로 지으면 '철조', 돌(돌 석, 石)로 지으면 '석조'라고 해요.

급조

急(급할 급) 造(지을 조)

급조는 급하게(급할 급, 急) 짓는(지을 조, 造) 거예요. '급조한 집', '급조한 거짓말'처럼 사용하지요. 혹시 여러분도 숙제를 하거나 일기를 쓸 때 급조한 적이 있나요?

인조인간

人(사람 인) 造(지을 조) 間(사이 간)

인조인간은 사람(사람 인, 人)이 만든(지을 조, 造) 인간, 즉 '로봇'이에요. 로봇은 체코의 극작가인 차페크가 맨 처음 사용한 말로 '일하다'라는 뜻이에요.

조합

組(짤 조) 合(합할 합)

여러 개를 모아(합할 합, 合) 하나의 덩어리로 만드는 일(짤 조, 組)을 **조합**이라고 해요. '글자를 조합해 새 낱말을 만들다.', '냉장고는 여러 부품을 조합해 만들어.'처럼 써요.

골조

骨(뼈 골) 組(짤 조)

골조는 건물이 무너지지 않게 버텨 주는 건물의 뼈대(뼈 골, 骨)예요. 소리가 비슷한 '골자(뼈 골 骨, 아들 자 子)'는 골조처럼 말이나 일에서 가장 중요한 부분을 뜻해요.

조장/조원

組(짤 조) 長(긴 장) 員(인원 원)

조별 활동을 자주 하지요? '조'는 어떤 일을 위해 조직된 단체예요. 그곳의 우두머리(긴 장, 長)는 **조장**이라고 하고, 조에 속한 사람(인원 원, 員)은 **조원**, 그리고 각 조로 구별하는(나눌 별, 別) 것은 '조별'이라고 해요.

재료에 따라 달라지는 건축물 이름

요즘 건축물은 대부분 철과 시멘트로 지어요. 하지만 시멘트를 쓰기 전에는 구하기 쉬운 나무와 돌을 이용해 건축물을 지었지요. 이렇게 나무로 지은 건축물은 '나무 목(木)' 자를 써서 '목조 건축물'이라고 하고, 나무로 쌓은 탑은 '목탑'이라고 불러요. 돌로 지은 건축물은 '돌 석(石)' 자를 써서 '석조 건축물'이라고 하고, 돌을 쌓은 탑은 '석탑'이라고 하지요. 나무와 돌로 만든 우리나라 대표 건축물에는 무엇이 있을까요?

〈우리나라 대표 건축물〉

목조	 **수덕사 대웅전** 충청남도 예산군 수덕사에 있는 대웅전은 고려 시대에 지은 목조 건축물로, 국보 제49호예요.	 **법주사 팔상전** 충청북도 보은군 법주사에 있는 팔상전은 신라 때 세워졌다가 조선 때 재건된 목탑으로, 국보 제55호예요.
석조	 **첨성대** 경상북도 경주시에 있는 첨성대는 신라인들이 별을 관측하기 위해 지었다고 짐작되는 석조 건축물로, 국보 제31호예요.	 **왕궁리 오층 석탑** 전라북도 익산시에 있는 왕궁리 오층 석탑은 고려 때 세워졌다고 짐작되며, 국보 제289호로 지정되어 있어요.

'탑'이란 말은 원래 인도 말 '스투파'에서 비롯되었어요. '스투파'는 흙이나 돌로 쌓아 올린 묘를 말하지요. 스투파가 한자어로 '탑파'라는 말이 되었고, 이것이 '탑'으로 변했답니다. 그런데 묘라는 말이 탑이 된 게 좀 이상하지요? 불교 창시자인 석가모니가 죽은 뒤 사람들은 그 몸에서 나온 것을 보관하려고 탑을 만들기 시작했거든요. 이후 탑은 불교와 관련된 것들을 보관하거나 거룩하게 보이려고 쌓게 되었어요.

1 그림을 보고, (   )에서 알맞은 낱말을 찾아 ○ 하세요.

① 사람과 닮은 생김새에 비슷한 행동을 하도록 만든 기계를 **(인조인간 / 골조)**(이)라고 해.

② 나는 **(조작 / 조합)**된 사실을 바로잡으려고 애쓰고 있어.

③ 엄마가 새로운 배드민턴 모임을 **(조작 / 조직)**하셨어.

④ 'ㄱ'과 'ㅏ'를 **(조합 / 급조)**하면 '가' 자가 돼.

⑤ 목조, 철조, 석조는 모두 **(조작 / 축조)** 방법이야.

2 속뜻 짐작 낱말의 뜻을 짐작해서 바르게 연결해 보세요.

조륙 운동 •		• 산맥이나 산을 만드는 땅의 움직임
조산 운동 •		• 육지를 만드는 땅의 움직임

우리 고유어에도 '조(組)' 자처럼 모임이나 물건 등을 짠다는 뜻의 낱말들이 있어요.
어떤 낱말들이 있는지 만나 볼까요?

갈무리

'갈무리'는 물건을 잘 정리해서 보관하거나 일을 잘 처리해서 마무리하는 거예요. 일을 시작하는 것도 중요하지만 갈무리를 잘하는 것도 매우 중요하답니다.

동아리

학교에서 같은 취미나 관심사를 중심으로 모인 모임을 동아리라고 하지요? 이처럼 '동아리'는 같은 뜻을 가지고 모인 사람들의 무리를 뜻해요.

4주 2일
학습 끝!

붙임 딱지 붙여요.

두레

'두레'는 농민들이 바쁜 농사철에 서로 농사일을 도우려고 만든 조직이에요. 혼자서 하기 어려운 일도 여럿이 힘을 합하면 쉽게 끝낼 수 있지요. 그래서 농민들은 두레를 만들어 어려운 일도 쉽게 했어요.

뭉치

'뭉치'는 뭉치거나 말아서 감아 놓은 덩이예요. 실을 감아 놓은 것은 '실뭉치', 묶여 있는 종이들은 '종이 뭉치'라고 해요. 뭉치는 '묶음'이나 '덩어리'와 비슷한말이에요.

헷갈리는 말 살피기

공부한 날짜 월 일

~(으)로서

민수는 반장**으로서** 최선을 다하고 있어.
세종은 왕**으로서** 신하들에게 모범을 보였어요.

'~(으)로서'와 '~(으)로써'는 소리가 비슷하지만 뜻은 많이 달라요. **~(으)로서**는 '반장으로서'나 '왕으로서'처럼 지위나 신분, 자격을 나타내는 말이에요. 예를 들어 '그 일은 부모로서 할 일이 아니다.'라든가 '너는 친구로서 네 할 일을 다했다.' 등으로 쓸 수 있지요. 여러분은 부모님의 자식으로서, 학교에서는 학생으로서 성실하게 살아가고 있나요?

~(으)로써

대화**로써** 해결해 보자.
콩**으로써** 메주를 만들어.

~(으)로써는 어떤 일을 하는 수단이나 도구, 재료를 나타내요. 예를 들어 수박을 자르려면 칼을 써야 하지요? 그럴 때 '칼로써 수박을 자를 수 있어.'라고 말해요. 또 팥죽은 팥을 재료로 만들어서 '팥으로써 팥죽을 만든다.'라고 쓸 수 있지요. '~(으)로써'는 시간을 나타낼 때도 써서, '내가 왕이 된 지 올해로써 십 년째다.'라고 쓸 수 있어요.

1 밑줄 친 글자를 바르게 고쳐 써 보세요.

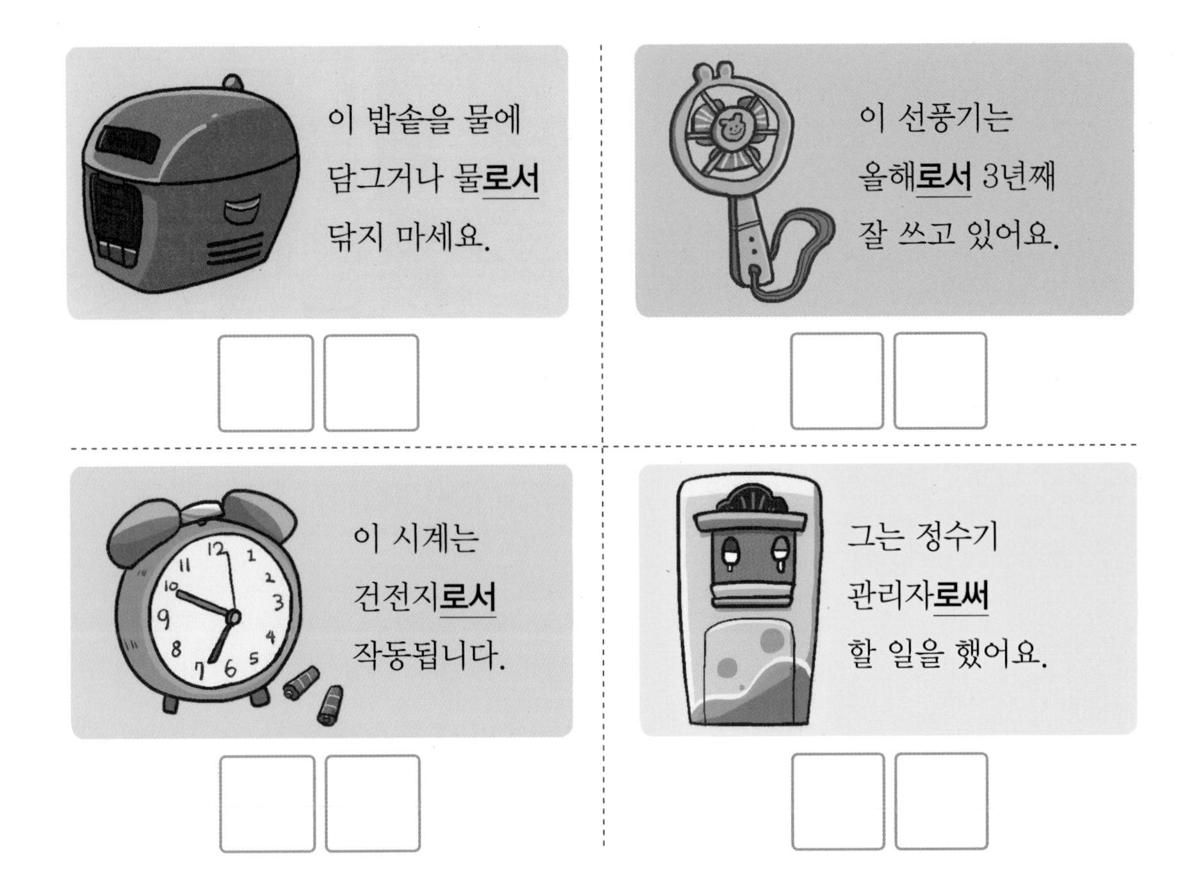

2 바른 문장이 되도록 알맞은 글자를 골라 색칠해 보세요.

① 나는 연필로 [써] [서] 그림을 그렸다.

② 형으로 [써] [서] 동생에게 모범을 보이겠다.

③ 너와 나는 친구로 [써] [서] 친하게 지내자.

④ 콩으로 [써] [서] 두부를 만들자.

⑤ 전학을 간 지 오늘로 [써] [서] 한 달이 되었다.

몇 일

오늘이 **몇 일**인가요? ▶ 오늘이 **며칠**인가요?
몇 일까지 끝낼까요? ▶ **며칠**까지 끝낼까요?

'몇 일'과 '며칠' 중에 올바른 말은 '며칠'이에요. 왜 '몇 일'은 틀릴까요? '몇 개, 몇 명, 몇 년, 몇 월'처럼 '몇'은 낱말 앞에 붙어서 그리 많지 않은 얼마만큼의 수를 뜻해요. '몇 일'도 뜻만 따지면 틀리지 않아요. 하지만 소리가 달라요. '몇 년, 몇 월'을 각각 [면년], [며둴]로 읽지만, '몇 일'은 항상 [며칠]로 소리 나지요. 이런 특징 때문에 '몇 일'은 항상 '며칠'로 써요.

며칠

10월 **며칠**에 오기로 했지?
나는 **며칠** 동안 정해진 시간에 줄넘기를 할 거야.

며칠은 '네 생일이 10월 며칠이지?'처럼 그 달의 몇 번째 날인지 나타내거나, '며칠 동안 여행을 다녀올 거야?'처럼 얼마나 걸리는지 날짜를 셀 때 써요. 쓸 때도 '며칠', 발음할 때도 [며칠]이지요. '며칠'은 '며칟날'과 뜻이 같아서 '오늘이 며칟날이지?'처럼 바꿔 써도 돼요. '몇 일'은 틀리고 언제나 '며칠'로 적어야 한다는 것, 절대 잊지 마세요.

1 밑줄 친 낱말을 잘못 사용한 아이를 찾아 ○ 하세요.

2 바른 문장이 되도록 알맞은 낱말을 골라 따라 써 보세요.

① 몇 일 / 며 칠 째 고기를 먹지 못했어.

② 운동회가 몇 월 몇 일 / 며 칠 에 열리지?

③ 줄넘기 연습을 몇 일 / 며 칠 동안 해야 하는지 알아?

④ 몇 일 / 며 칠 만 더 있으면 설날이야.

아름

이 기둥은 두 **아름** 가까이 되는 것 같아.
꽃을 한 **아름** 받고 싶어.

자나 줄자 같은 게 없어도 우리 몸으로 물체의 길이나 둘레 등을 잴 수 있다는 것, 알고 있죠? 만일 둥근 기둥의 둘레를 재고 싶다면 두 팔로 끌어안아 몇 아름인지 재면 돼요. **아름**은 두 팔을 둥글게 만들어 어림짐작한 둘레이지요. 혹은 그 안에 들 만한 양을 말하기도 하고요. '꽃 한 아름'은 두 팔을 둥글게 모아 만든 둘레 안에 가득 찰 정도의 꽃을 뜻해요.

알음

창민이와 나는 서로 **알음**이 있는 사이다.
수아는 **알음** 있게 일을 잘한다.

'알음'은 '아름'과 소리가 같지만 뜻이 달라요. **알음**은 서로 아는 일이라는 뜻으로, '창민이와 나는 서로 알음이 있는 사이다.'처럼 쓰지요. 또 '수아는 알음 있게 일을 잘한다.'처럼 지식이나 지혜가 있다는 뜻으로 쓰기도 해요. 알음을 두 번 겹쳐서 '알음알음'이라고 쓰기도 하는데, 이것은 아는 관계라는 뜻이에요. '알음알음으로 알아봤어.'라고 하면, 아는 사람들을 통해 알아봤다는 뜻이지요.

1 (　　) 안에서 알맞은 말을 골라 ○ 하세요.

① 수지는 (**아름 / 알음**) 있게 청소를 잘해.

② 아빠가 선물을 한 (**아름 / 알음**) 사 오셨어.

③ 우리는 (**아름 / 알음**)이 있는 사이야.

2 각 글자 띠에서 두 글자씩 따라 써서 빈칸에 알맞은 낱말을 만들어 주세요.

4주 3일 학습 끝!

붙임 딱지 붙여요.

글자 띠 | 알 | 다 | 음 | 죽 | 아 | 름

알 | 아 | 음 | 움 | 름 | 들 | 글자 띠

우리가 쓰는 단위 중에는 '아름'처럼 사람의 몸을 기준으로 한 게 많아요. 그중 하나가 '뼘'이에요. '뼘'은 손을 쫙 펼쳤을 때 엄지손가락에서 다른 손가락 끝까지의 길이를 뜻해요.

19 공부한 날짜 월 일

4주

헷갈리는 말 살피기

뭘 이렇게 묻히고 다녀? 어서 씻고 밥 먹자.

묻히다

붓에 물감을 **묻혀** 보렴.
핫도그에 설탕을 잔뜩 **묻혔어**.

묻히다는 가루나 물, 기름 따위의 흔적을 남기는 거예요. '묻다'라는 말이 변한 것이지요. '옷에 흙 좀 묻히고 다니지 마라.', '서로 얼굴에 크림을 묻히며 장난쳤어.'처럼 써요. 똑같이 '묻히다'라고 쓰는 말 중에는 땅 등에 무언가를 묻거나 어떤 일을 덮는다는 뜻의 '묻다'라는 말이 변한 것도 있어요. 이때에는 '산사태로 건물이 흙 속에 묻히다.' 등으로 쓸 수 있어요.

무치다

오늘은 나물을 **무쳐** 먹자.
이젠 여러 재료를 넣고 **무치기만** 하면 돼.

무치다는 콩나물이나 시금치 같은 나물에 갖은양념을 넣고 골고루 섞는 것을 말해요. 잘 다듬거나 데친 나물에 깨소금과 참기름, 소금 등을 넣고 조물조물 무치면 정말 맛있는 음식이 되지요. 나물뿐 아니라 잡채도 당면과 여러 야채를 넣어 무쳐 먹는 음식이에요. 무쳐서 먹는 음식에는 탕평채도 있어요. 이것은 녹두묵과 김, 당근, 달걀 등을 무쳐서 만들어요.

1 다양한 요리를 만드는 방법을 소개하고 있어요. (　　)에 알맞은 낱말을 골라 번호로 적어 주세요.

돈가스

얇게 썬 돼지고기에
밀가루와 달걀,
빵가루를 (　　).

떡꼬치

떡을 꼬치에 꽂아 튀긴 뒤
떡에 양념을 (　　).

시금치나물

데친 시금치에 소금, 다진 마늘,
참기름을 넣고 (　　).

잡채

갖은 재료에 참기름과 간장,
설탕을 넣고 (　　).

① 무쳐요　　② 묻혀요

2 바른 문장이 되도록 알맞은 글자를 2개씩 골라 색칠해 보세요.

① 손에 비누를 [묻] [무] [혀] [쳐] 씻어 봐.

② 반죽을 하다 보니 손에 밀가루가 [묻] [무] [었] [쳤] 어.

③ 땅속에 [묻] [무] [힌] [친] 씨앗에서 싹이 났어.

④ 엄마가 [묻] [무] [힌] [친] 콩나물은 참 맛있지.

되다

커서 과학자가 **되다**.
겨울이 가고 봄이 **되었어요**.

되다는 다른 것으로 바뀐다는 뜻이에요. '어른이 되다.', '얼음이 녹아 물이 되다.' 처럼 쓰지요. 그리고 '점점 어른이 되어 가겠지.', '얼음이 녹아서 물이 되었다.'처럼 '되' 뒤에 '~어'나 '~었' 등을 붙일 수 있어요. 이때에는 '되+어=돼', '되+었=됐'으로 줄여 쓸 수 있지요. 그래서 '점점 어른이 돼 가겠지.', '얼음이 녹아서 물이 됐다.'라고 바꿔 쓸 수 있어요.

돼다

얼음이 물이 되었다. = 얼음이 물이 **됐다**.
안 되어. = 안 **돼**.

돼다라는 말은 없어요. 하지만 '되+어=돼', '되+었=됐'처럼 줄여 쓰기 때문에, 글을 읽다 보면 '돼'와 '됐다'라는 말을 자주 볼 수 있지요. 예를 들어 '과학자가 돼다.'라고 쓰면 틀리지만, '나는 과학자가 돼 근사한 발명을 할 거야.'라고 쓰거나 '나는 과학자가 됐어.'라고 쓰면 맞아요. '되'와 '돼'는 소리가 비슷해서 헷갈리기 쉽지만 조금만 노력하면 그 차이를 분명히 알 수 있어요.

1 밑줄 친 부분 가운데 틀린 곳 2군데를 찾아 X 해 주세요.

2 바른 문장이 되도록 알맞은 글자를 골라 따라 써 보세요.

① 이대로는 회장이 [땔] [될] 수 없어.

② 성준이는 그대로 얼음이 [돼] [되] 버렸어.

③ 언제 그렇게 친한 친구가 [됐] [됬] 니?

④ 마음먹은 대로 안 [돼] [되] 더라도 끝까지 포기하지 마.

부수다

마음의 벽을 **부숴야** 해.
용사가 건물을 **부쉈어**.

부수다는 단단한 물체를 여러 조각이 나게 두드려서 깨뜨리는 거예요. '돌을 부수다.', '이로 음식을 잘게 부수다.'처럼 쓰지요. 혹은 잘 만든 것을 망가뜨릴 때에도 써요. '블록으로 지은 집을 단번에 부수다.'처럼요. 부수다와 비슷한말은 '바수다'가 있는데, '바수다'는 '알약을 바수다.'처럼 '부수다'보다 더 잘게 깨뜨리는 거예요.

부시다

설거지할 때 그릇을 깨끗하게 **부셔라**.
햇살 때문에 눈이 **부셔**.

부시다라고 소리가 나는 낱말은 두 가지가 있어요. 첫 번째 '부시다'는 무언가를 씻어서 깨끗하게 한다는 뜻이에요. '물로 그릇을 부신다.'라고 할 때는 이 낱말이 쓰였어요. 반면 햇빛이 강해서 '눈이 부시다.'라고 할 때에는 빛이 너무 강해서 마주 보기 어렵다는 뜻이에요. '부시다'와 '부수다'는 소리가 비슷해서 종종 헷갈리는데, 설거지하라는 뜻으로 '그릇을 부숴라.'라고 하면 그릇을 깨뜨리라는 뜻이 돼요. '부시다'와 '부수다'를 잘 구분해서 써야 사고가 없겠지요?

1 밑줄 친 낱말이 바르게 쓰인 칸을 지나야 공주를 구할 수 있어요. 공주에게 도착하는 길을 선으로 연결해 주세요.

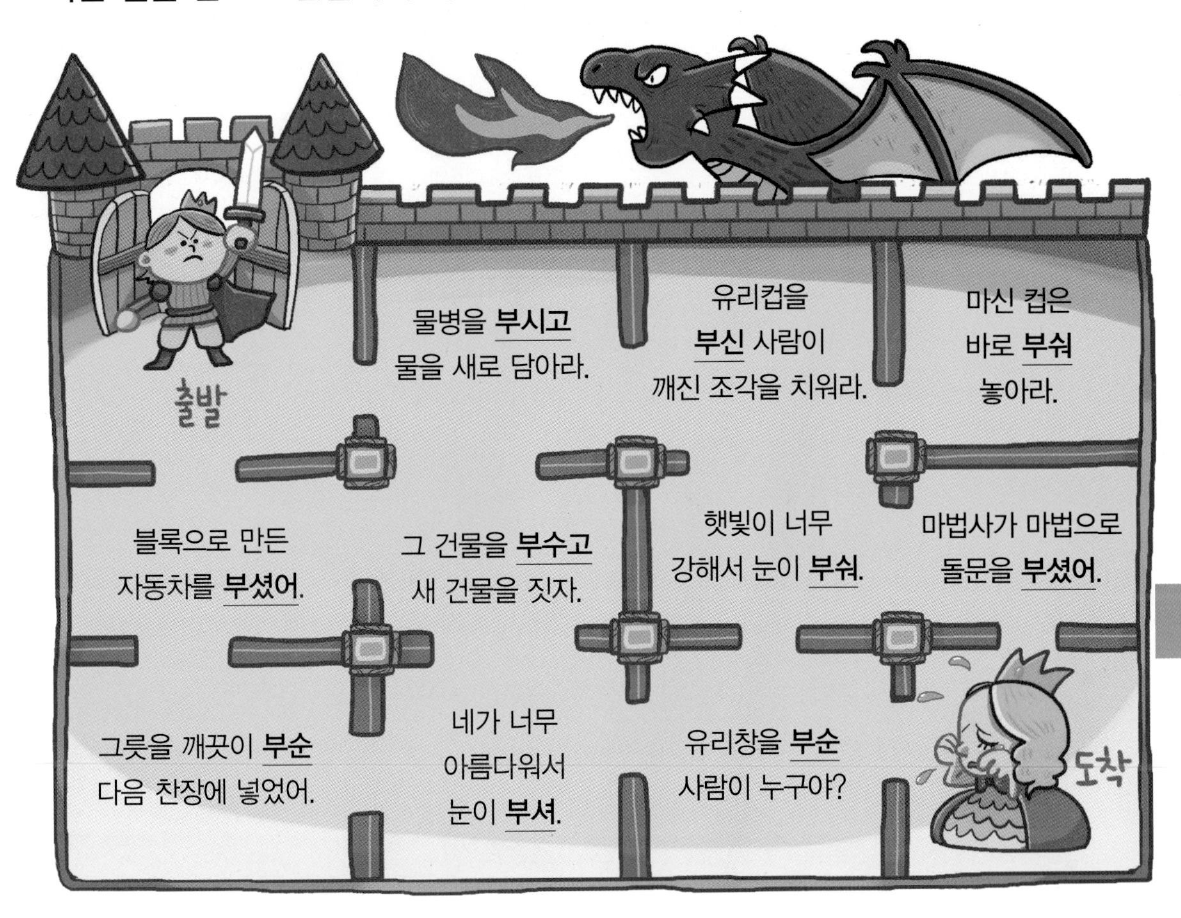

4주 4일 학습 끝!

붙임 딱지 붙여요.

2 밑줄 친 부분을 바르게 고쳐 써 주세요.

20
공부한 날짜
월 일

4주

앞뒤에 붙는 말 알아보기

아버님, 이 돌배를 드시면
좀 나으실 겁니다.
에잇, 못생겨서 싫다.
난 달달한 사탕이 좋아.

콜록콜록.
에구, 돌배 좀
먹어 보자꾸나.

산에서 난 조그맣고
못생긴 열매라고
무시했는데, 제법인걸!

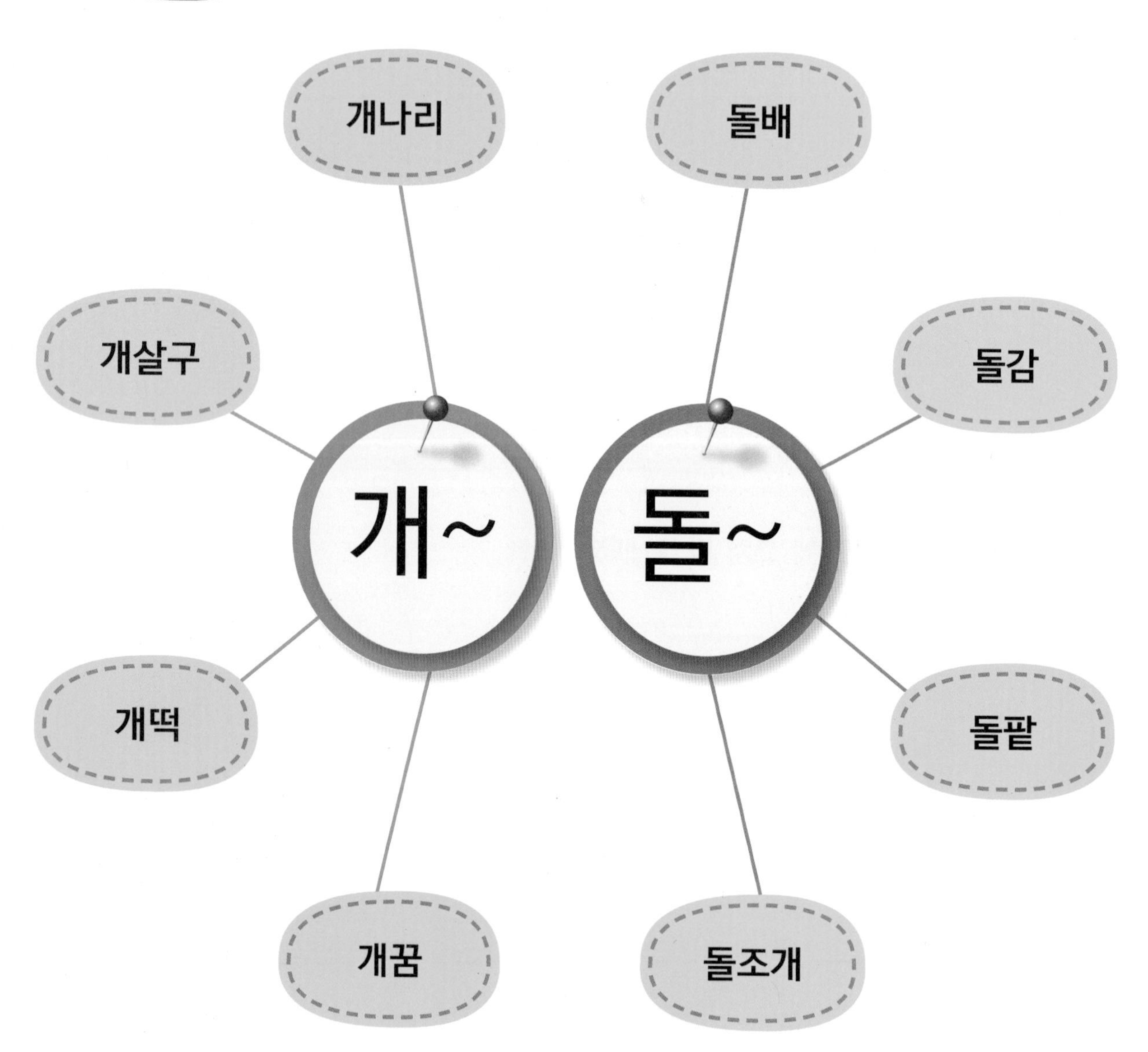
개~
개나리
개살구
개떡
개꿈
돌~
돌배
돌감
돌팥
돌조개

1 아이가 먹을 것을 얻으려고 산에 오르고 있어요. 길에 있는 팻말을 읽고, 아이가 어떤 것들을 얻을 수 있을지 알맞은 붙임 딱지를 찾아 바구니에 붙여 주세요.

개나리
개+나리

'참나리'는 크고 화려하지만, **개나리**는 꽃 모양만 참나리를 닮았지 매우 작고 소박한 꽃이에요. 이렇듯 '개~'는 뒤에 붙은 낱말에 '산이나 들에서 저절로 자라난' 또는 '질이 떨어지는'이라는 뜻을 더해요. 그래도 개나리는 봄을 알려 주는 고마운 꽃이에요.

개살구
개+살구

개살구나무의 열매인 **개살구**는 살구처럼 생겨서 겉보기에는 먹음직스럽지만 막상 먹어 보면 떫고 시어요. 그래서 '빛 좋은 개살구'라는 속담이 생겼지요. 개살구는 못난 사람이나 물건을 뜻하기도 해요.

개떡
개+떡

개떡은 정성 들여 빚은 떡이 아니라 메밀 속껍질이나 보릿겨 따위를 반죽해 아무렇게나 빚은 떡이에요. 그래서 일이나 물건이 마음에 들지 않을 때 '개떡 같다.'고 해요.

개꿈
개+꿈

'개~'는 헛되거나 쓸데없다는 뜻을 더하기도 해요. 꿈에 '개~'를 더한 **개꿈**은 특별한 내용 없이 꾼 헛된 꿈이나 이루어질 가망이 적은 바람을 뜻해요.

돌배
돌+배

'돌~' 역시 '질이 떨어지는' 또는 '산과 들에서 자라는'이라는 뜻을 더해요. **돌배**는 돌배나무 열매로, 보통 배와 달리 작고 단단해요. 하지만 소화를 돕는 고마운 열매예요.

돌감
돌+감

돌감나무의 열매인 **돌감** 역시 산이나 들에서 자라는 열매예요. 일반 감보다 작고 씨가 많으며 맛이 떨어져요.

돌팥
돌+팥

돌팥은 산이나 들에서 저절로 자라는 새팥, 덩굴팥, 여우팥 따위를 통틀어 이르는 이름이에요. 돌팥은 일반 팥보다 알이 작고 단단하며 맛이 없어요.

돌조개
돌+조개

조개는 보통 갯벌에서 캐지요? 하지만 조개 중에서 바위나 자갈이 많은 곳에 붙어서 사는 조개가 있어요. 바로 돌조개이지요. **돌조개**는 겉모습은 지저분하지만 맛은 꽤 괜찮아요.

낱자, 글자, 낱말

낱자 'ㄱ, ㄴ, ㄷ……' 같은 자음과 'ㅏ, ㅑ, ㅓ, ㅕ……' 같은 모음을 일컬어 '낱자'라고 해요. 예를 들어 '공'과 '곰'은 두 개의 낱자가 같지만 받침으로 쓰인 자음 'ㅇ'과 'ㅁ' 때문에 뜻이 달라져요. 이렇듯 낱자 하나의 역할은 매우 중요하답니다.

ㄱ+ㅗ+ㅇ=공	ㄱ+ㅗ+ㅁ=곰

글자 낱자가 모여 만들어진 것은 '글자'라고 해요. '개나리'의 '개', '나', '리'가 글자이지요. 글자 중에는 '개떡'의 '개~'나 '돌배'의 '돌~'처럼 단 한 글자가 낱말의 뜻을 바꾸는 경우가 있어요. 이런 글자는 글자의 앞인 머리(머리 두, 頭)에 붙으면 '접두사', 글자의 끝인 꼬리(꼬리 미, 尾)에 붙으면 '접미사'라고 해요.

참+나+리	개+나+리

낱말 마지막으로 글자와 글자가 만나 뜻이 만들어진 가장 작은 말의 단위를 '낱말'이라고 해요. 낱말은 '벌'처럼 한 글자로 된 것도 있고, '어리등에살이뭉툭맵시벌'처럼 여러 글자로 된 것도 있어요.

벌	어리등에살이뭉툭맵시벌

'곰'이라는 이름은 '검다'는 뜻의 옛말인 '거머'에서 유래했어요. 주로 검은색 털을 가진 곰이 많아서 '거머'라고 부르던 것이 '고마'가 되었고, '고마'가 줄어 '곰'이 되었지요. 곰 중에 '불곰'은 털이 불그스름한 갈색인데, 마치 불의 색 같아서 '불곰'이라고 부르게 되었답니다.

1 다음 문장을 읽고, 밑줄 친 글자의 속뜻으로 알맞은 것을 골라 ○ 하세요.

할머니는 모양을 아무렇게나 빚은 <u>개</u>떡을 쪄 주셨어요.	
못생긴	개를 닮은

산에 갔다가 단단한 <u>돌</u>감을 땄어요.	
흙이 굳은 덩어리	질이 떨어지는

2 두 낱말 중에서 더 맛있거나 화려하고 질이 좋은 쪽으로 ➡ 해 주세요.

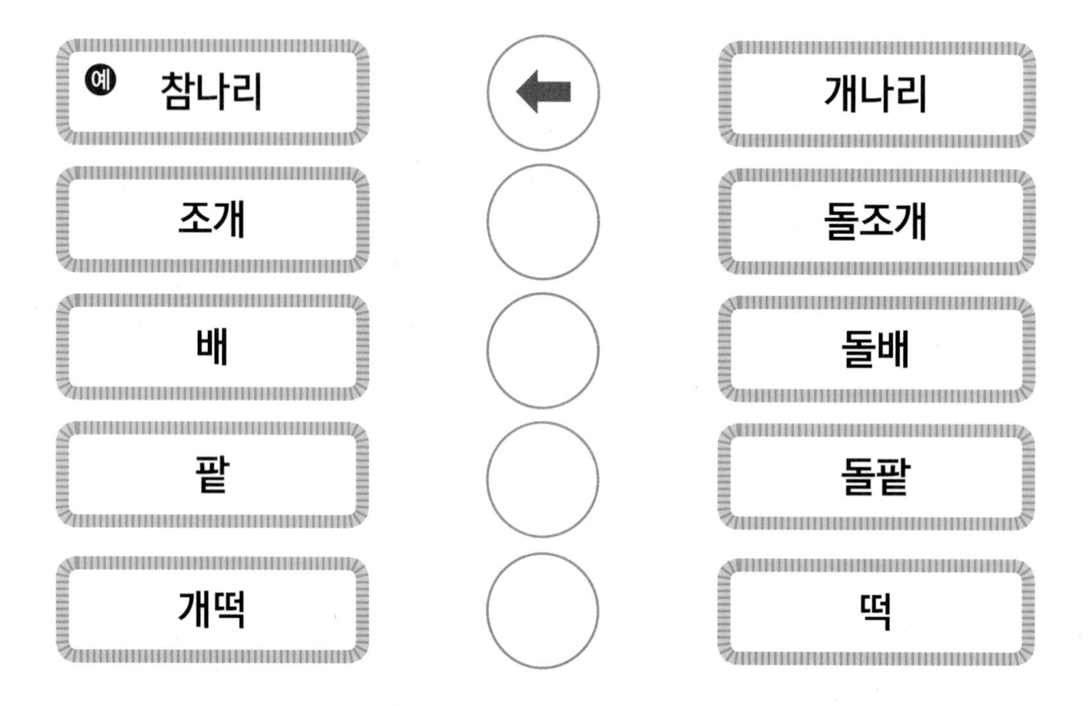

3 속뜻 짐작 보기의 낱말들 앞에 어울리는 접두사를 찾아 색칠해 보세요.

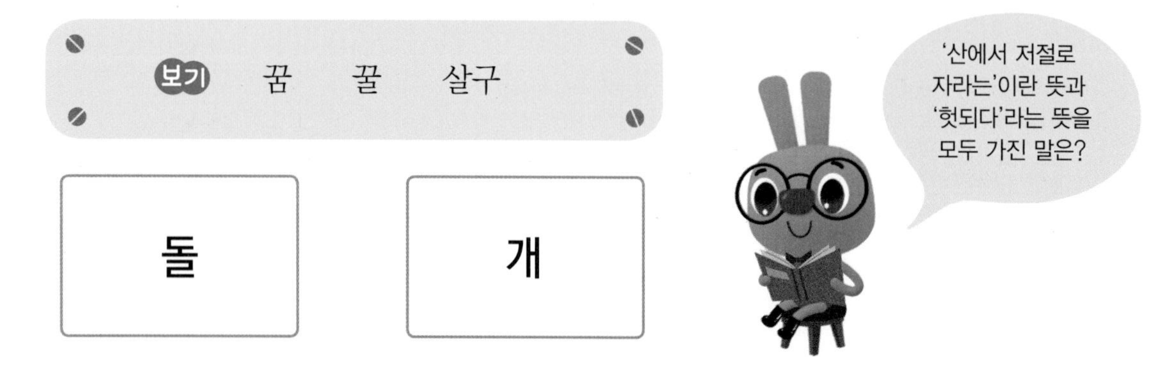

영어에도 단어 앞에 붙어서 원래와 다른 뜻을 갖게 하는 말들이 있어요.
그중 반대의 뜻을 나타내는 영어 접두사 un-을 만나 볼까요?

happy↔unhappy

'행복한'이란 뜻을 가진 happy 앞에 un-을 붙인 unhappy는 '불행한'이라는 뜻이에요. 그래서 '행복한 사람'은 happy person이라고 하고, '불행한 사람'은 unhappy person이라고 해요.

lucky↔unlucky

lucky는 '운이 좋은'이라는 뜻이에요. 그런데 lucky 앞에 un-을 붙이면 '운이 좋지 않은'이라는 뜻이 되지요. 그래서 lucky number라고 하면 '행운의 숫자'가 되고, unlucky day라고 하면 '운수가 나쁜 날'이 돼요.

4주 5일 학습 끝!

붙임 딱지 붙여요.

easy↔uneasy

easy는 '쉬운'이라는 뜻인데, 그 앞에 un-을 붙인 uneasy가 되면 '쉽지 않은'이라는 뜻을 갖게 돼요.

kind↔unkind

kind는 '친절한'이라는 뜻을 가진 단어로, un-을 붙인 unkind는 '불친절한'이라는 뜻이에요. 영어로 '불친절한 말'은 unkind words라고 해요.

QR 찍고 발음 듣기

4주 다 자란 사람 '어른'

허허, 녀석!
어른처럼 잘 참는데…….
하나도 아프지 않아요.

나이가 든 성인이나 결혼한 사람을
어른이라고 하는 건 알지?
네

옛날에는 결혼하지 않은 사람은
나이가 아무리 많아도 아이 취급을 했단다.
에헴! 난 꼬마 신랑
나이가 많은데도…….
어른
아이

어른: 다 자란 사람을 가리켜요.

1주 13쪽 먼저 확인해 보기

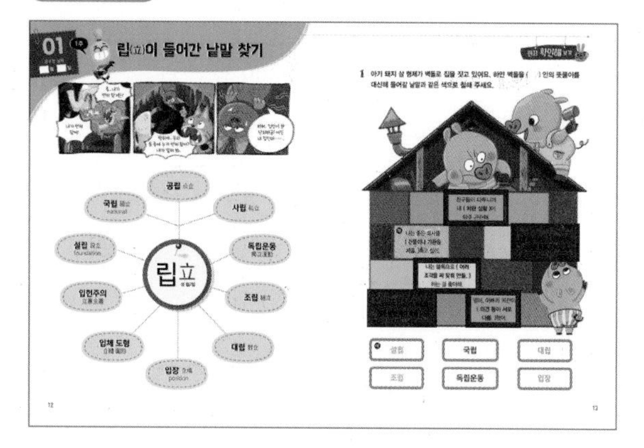

1주 16쪽 속뜻 짐작 능력 테스트

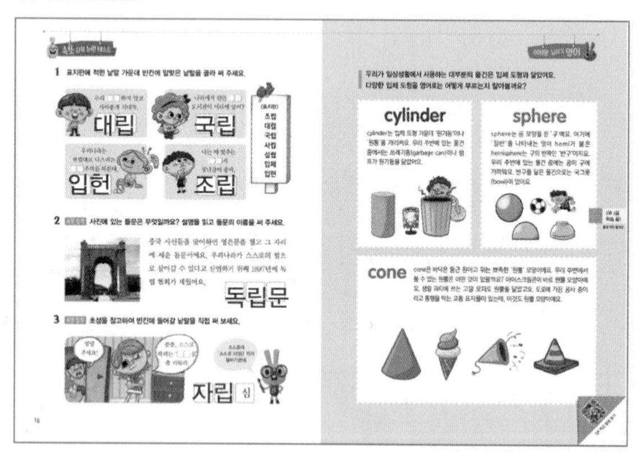

1. '대립'은 의견이 반대라는 뜻이고, '입헌'은 헌법을 세운다는 뜻이에요.
2. '독립'은 스스로(홀로 독, 獨)의 힘으로 살아간다는(설 립/입, 立) 뜻이에요.
3. '자립심'은 뭐든 스스로(스스로 자, 自) 하려는(설 립/입, 立) 마음(마음 심, 心)이에요.

1주 19쪽 먼저 확인해 보기

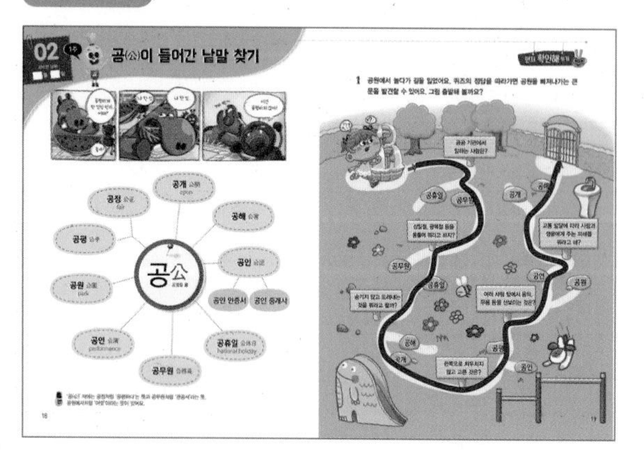

1. '공공 기관'은 주민 센터나 시청처럼 국민 모두를 위해 일하는 곳을 뜻해요. '광복절'은 우리나라를 강제로 점령한 일본에서 벗어난 날인 1945년 8월 15일을 기념하는 국경일이자 공휴일이에요.

1주 22쪽 속뜻 짐작 능력 테스트

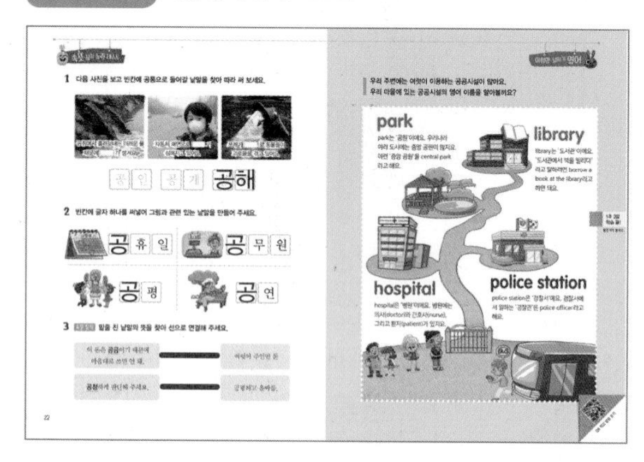

1. '공인'은 국가나 공공 단체가 인정한 것, '공개'는 어떤 내용이나 정보를 모든 사람이 볼 수 있게 드러내는 것, '공해'는 자동차 매연이나 공장 폐수처럼 여러 사람이나 생물에 해를 끼치는 거예요.
2. '공휴일'은 나라에서 정해서 다 함께 쉬는 날, '공무원'은 나라나 공공 단체가 운영하는 관공서에서 국민을 위해 일하는 사람, '공평'은 어느 한쪽으로 치우치지 않고 고른 것, '공연'은 여러 사람 앞에서 음악, 무용, 연극 따위를 보여 주는 일이지요.
3. '공금'은 나라나 어떤 모임에 속한 모든 사람의(공평할 공, 公) 돈(쇠 금, 金)을 뜻해요. '공정'은 한쪽으로 치우치지 않고(공평할 공, 公) 바르다는(바를 정, 正) 뜻이에요.

1주 25쪽 먼저 확인해 보기

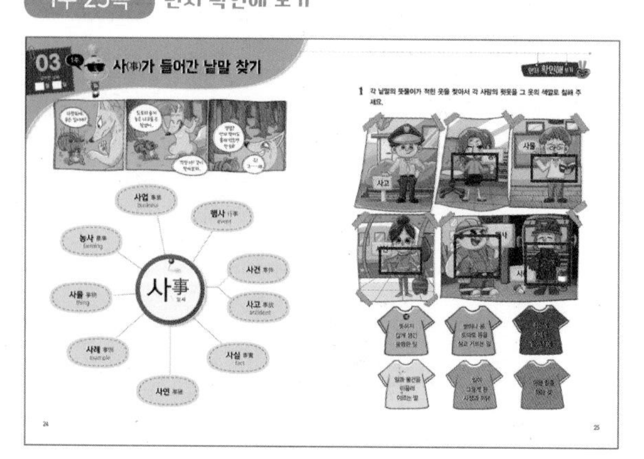

1. '불행'은 행복하지(다행 행, 幸) 않다(아니 불/부, 不)는 뜻이에요. '사정'은 일(일 사, 事)의 형편이나 까닭(뜻 정, 情)을 의미해요.

1주 28쪽 속뜻 짐작 능력 테스트

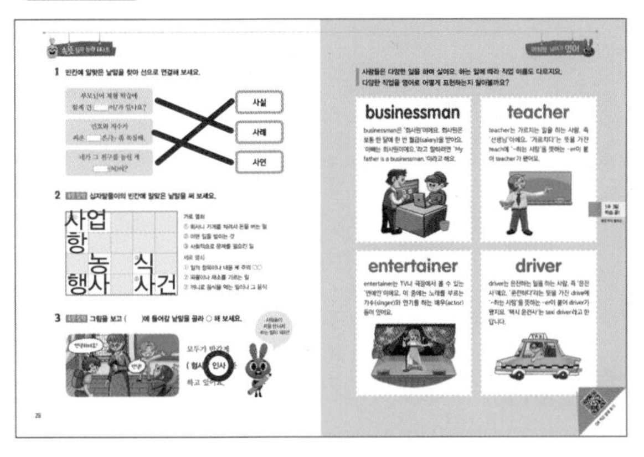

1. '사실'은 실제 있었던 일이나 지금 있는 일, '사례'는 어떤 일이 이전에 실제로 일어난 예, '사연'은 일이 그렇게 된 까닭이나 앞뒤 사정이에요.
3. 정답은 '인사'로, '인사'는 사람들이(사람 인, 人) 만나거나 헤어지면서 상대방에게 예를 표하는 말이나 행동을 말해요. '형사'는 범죄자에게 벌(형벌 형, 刑)을 주기 위해 범인을 찾고 잡아들이는 직업(일 사, 事)을 가진 사람이에요.

1주 31쪽 먼저 확인해 보기

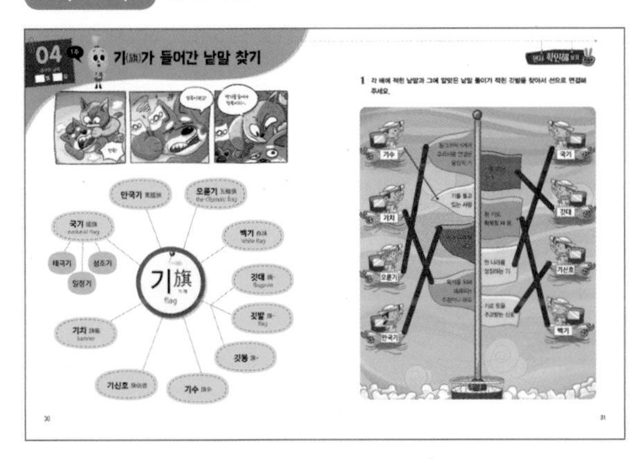

1주 34쪽 속뜻 짐작 능력 테스트

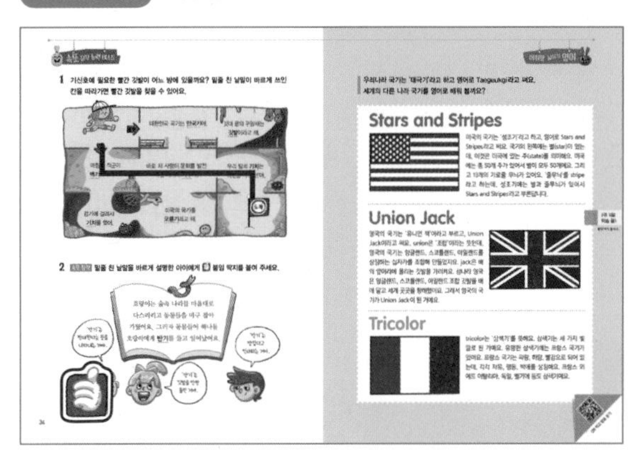

1. '백기'는 상대에게 항복한다는 뜻으로 드는 흰 깃발, '기수'는 행사를 할 때 맨 앞에서 깃발을 들거나 어떤 일에 앞장서는 사람, '기치'는 예전의 군대 깃발로 따라야 할 목표나 주장을 뜻하기도 해요.
2. '반기'는 반대한다는(돌이킬 반, 反) 뜻으로 드는 깃발(기 기, 旗)이나 행동이에요.

1주 37쪽 먼저 확인해 보기

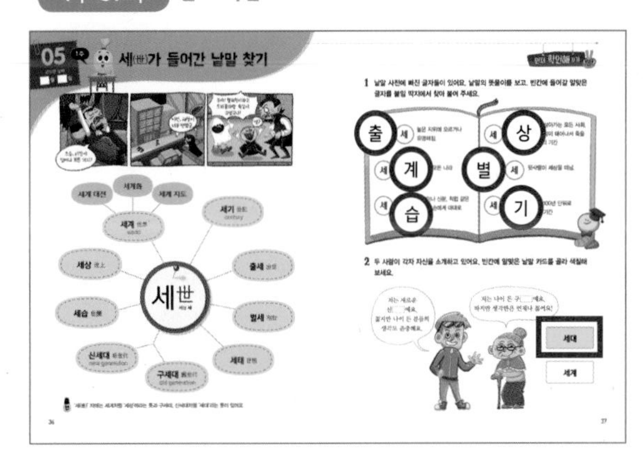

1주 40쪽 속뜻 짐작 능력 테스트

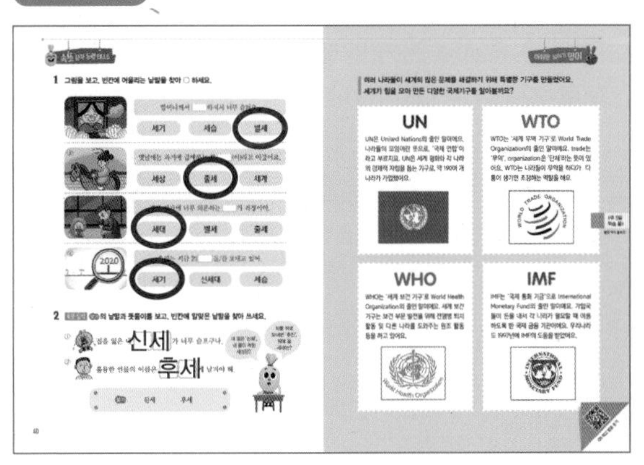

1. '별세'는 윗사람이 돌아가셨을 때 사용하는 말로 '작고', '타계', '서거'로 대신 쓸 수 있어요. '세기'는 시간을 100년씩 나눈 단위로 2001년부터 2100년까지는 21세기예요.
2. '신세'는 한 사람(몸 신, 身)의 처지와 형편(세상 세 世, 또는 권세 세 勢)을 뜻해요. 주로 안 좋은 일이 있을 때 쓰는 말이지요. '후세'는 뒤(뒤 후, 後)에 올 세상(세상 세, 世)과 사람들을 뜻해요.

2주 45쪽 먼저 확인해 보기

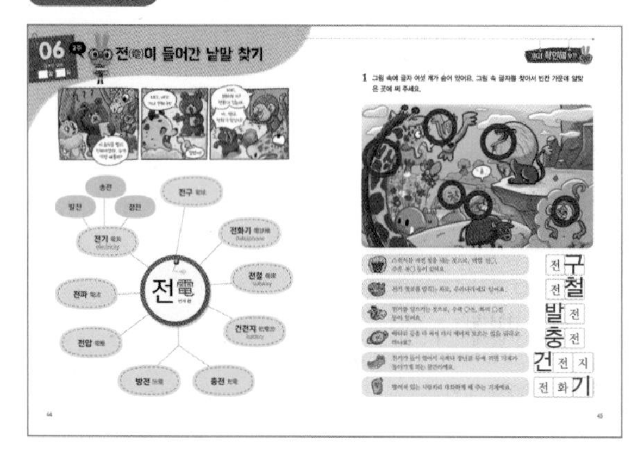

2주 48쪽 속뜻 짐작 능력 테스트

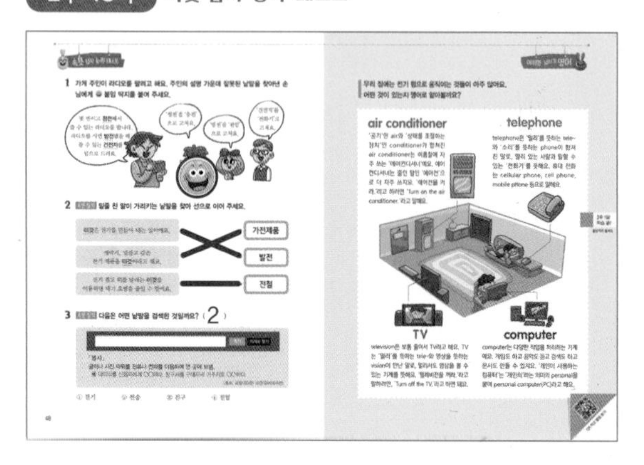

1. '정전'은 흐르던 전기(번개 전, 電)가 한곳에 머물러(머무를 정, 停) 멈추는 거예요. 따라서 '정전'은 전기를 채워 넣는 '충전'으로 바꿔야 해요.
2. '가전제품'은 집(집 가, 家)에서 사용하는 전기(번개 전, 電) 제품을 가리켜요.
3. '전류'는 전기가 흐르는(흐를 류/유, 流) 현상이고, '전파'는 공기 속을 물결처럼 움직이는 전기의 파동(물결 파, 波)이에요.

2주 51쪽 먼저 확인해 보기

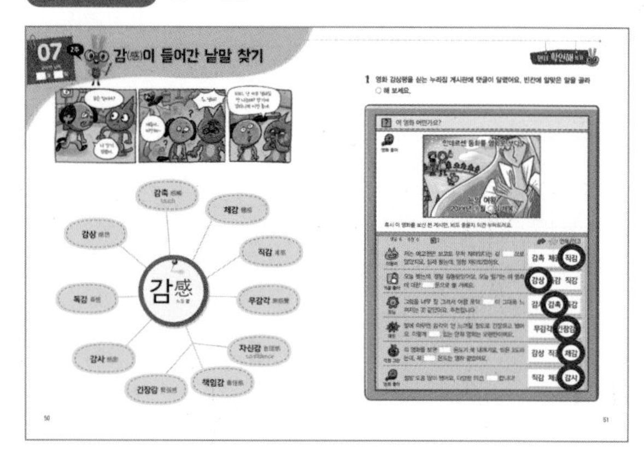

1. 정답은 '직감', '감상', '감촉', '긴장감', '체감', '감사'예요.

2주 54쪽 속뜻 짐작 능력 테스트

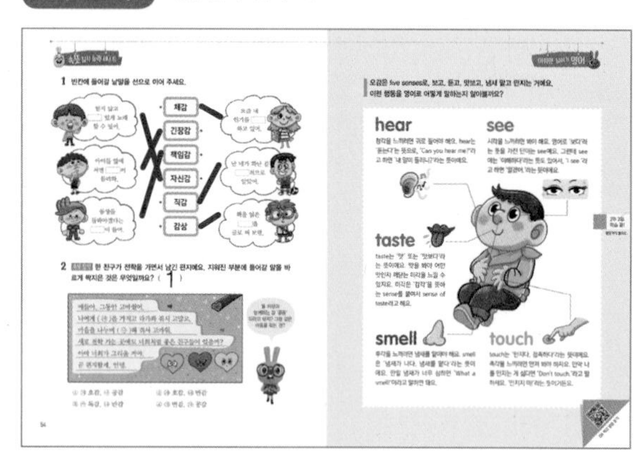

1. '체감'은 몸으로 느껴지는 감각, '직감'은 곧바로 느껴 아는 것, '감상'은 느낌과 생각을 뜻해요.
2. '호감'은 좋은(좋을 호, 好) 느낌(느낄 감, 感)을 뜻하고, '공감'은 다른 사람의 주장이나 느낌을 함께(함께 공, 共) 느끼는 것이에요.

2주 57쪽 먼저 확인해 보기

2주 60쪽 속뜻 짐작 능력 테스트

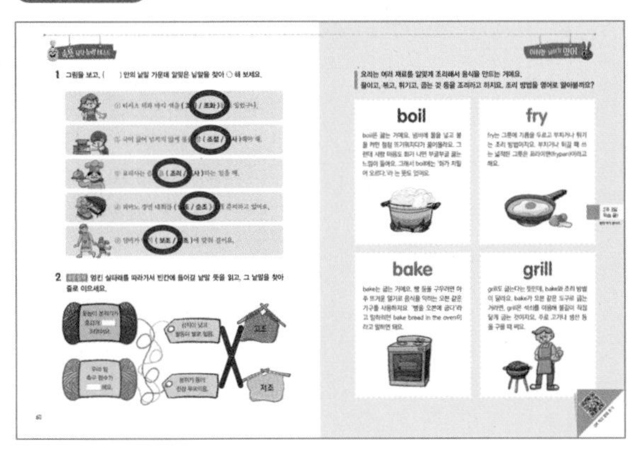

1. 정답은 ① 조화, ② 조절, ③ 조리, ④ 순조, ⑤ 보조입니다.
2. '고조'는 분위기나 세력이 높은(높을 고, 高) 상황, '저조'는 반대로 낮은(낮을 저, 低) 상황을 뜻해요.

2주 63쪽 먼저 확인해 보기

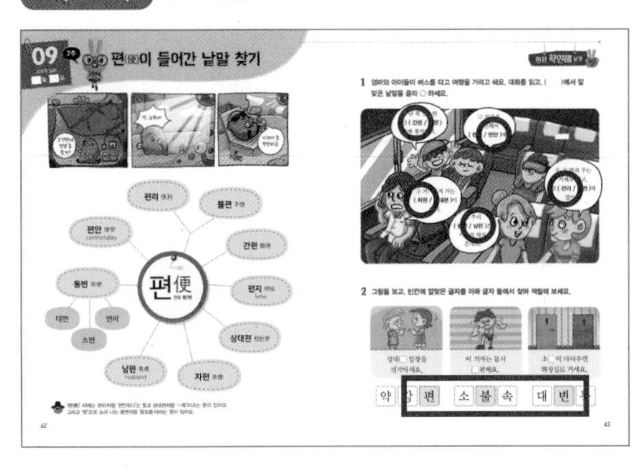

1. 정답은 ① 간편, ② 편안, ③ 편리, ④ 차편, ⑤ 남편이에요.

2주 66쪽 속뜻 짐작 능력 테스트

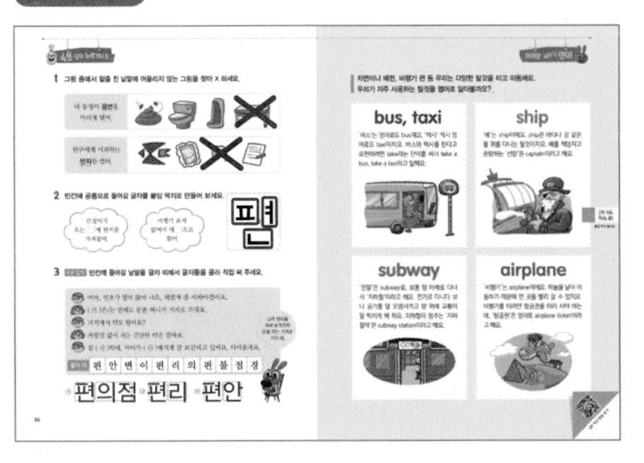

1. '용변'은 대변이나 소변을 본다는 뜻이에요. '편지'는 하고 싶은 말을 종이에 적어서 우편 등으로 보내는 거예요.
2. '편(편할 편, 便)'은 사람이나 물건이 오고 가는 기회를 뜻하기도 해요. 그래서 '네가 가는 편에 이것을 내 친구에게 전해 줘.'처럼 쓸 수 있어요. '배편'은 배로 사람이나 물건이 오고 가는 기회를 가리키고, '비행기편'은 비행기로 오고 가는 기회를 뜻해요.
3. '편의'는 형편이나 조건이 편하다는 뜻으로, 여기에 '가게 점(店)' 자가 붙은 '편의점'은 손님의 편의를 위해 늦게까지 물건을 파는 가게예요. 그 외에 '편리'는 쓰기 편하고 이롭다는 뜻이고, '편안'은 걱정 없이 마음이 편하다는 뜻이에요.

2주 69쪽 먼저 확인해 보기

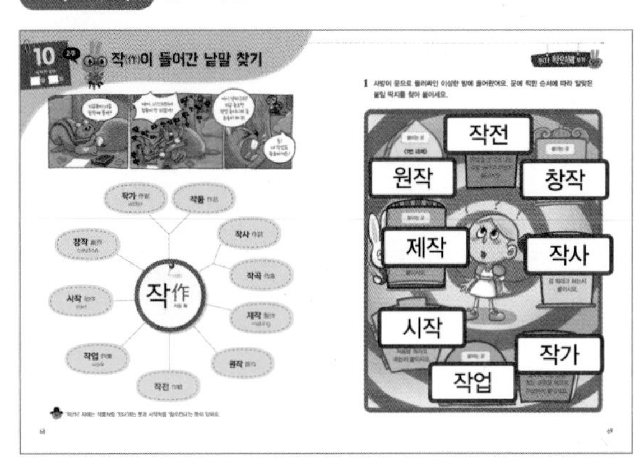

1. 〈8번 과제〉 설명에 있는 '음반'은 CD처럼 음악이 담겨 있어서 기계에 넣거나 얹으면 음악이 나오는 동글납작한 물건을 가리켜요.

2주 72쪽 속뜻 짐작 능력 테스트

1. '작전'은 경기에서 이기거나 어떤 일을 이루려고 생각해 내는 방법을 뜻하고, '창작'은 무언가를 새롭게 만드는 일이에요. '작업'은 일을 하는 것이고, 어떤 재료로 물건이나 작품을 만드는 것은 '제작'이라고 해요.
2. '작용'은 다른 무엇인가에 영향을 미친다는 뜻이에요. 여기에 '버금 부(副)' 자가 붙은 '부작용'은 어떤 작용이 일어나는 중에 함께 생겨나는 안 좋은 일을 말한답니다.
3. '작심'은 무언가를 하기로 마음(마음 심, 心)을 단단히 먹는(지을 작, 作) 거예요. 그런데 이렇게 한 결심이 얼마 안 가 흐지부지되면 '결심이 삼 일을 못 간다.'는 뜻으로 '작심삼일'이라고 해요.

3주 79쪽 먼저 확인해 보기

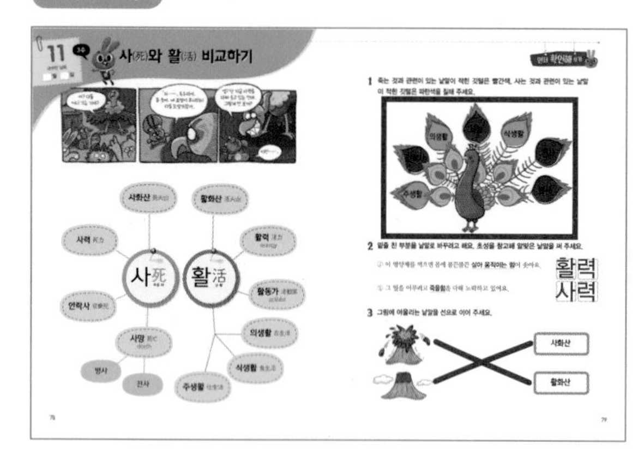

3주 82쪽 속뜻 짐작 능력 테스트

1. '활력'은 생기 있게 살아 움직이는 힘을, '사력'은 죽을 힘을 다해 열심히 하는 걸 뜻해요.
2. '활동가'는 어떤 일을 해내려고 적극적으로 힘쓰는 사람이에요. '병사(病死)'는 병으로 죽는 것, '전사(戰死)'는 전쟁터에서 싸우다가 죽는 것을 말하지요.
3. '결사적'이라는 말은 죽기(죽을 사, 死)를 결심하고(결단할 결, 決) 열심히 한다는 뜻이고, '활기'는 활발한(살 활, 活) 기운(기운 기, 氣)을 뜻해요.

3주 85쪽 먼저 확인해 보기

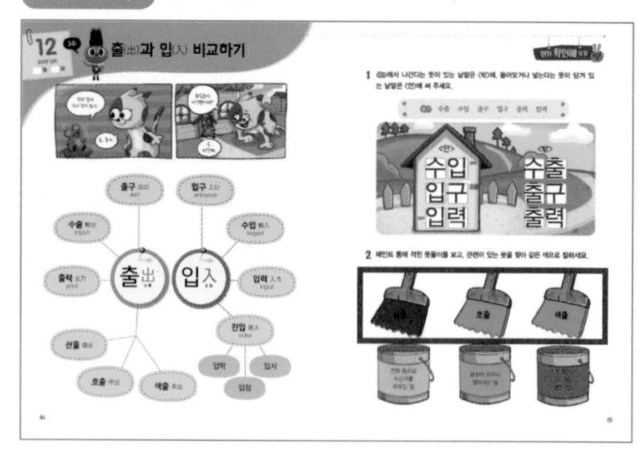

3주 88쪽 속뜻 짐작 능력 테스트

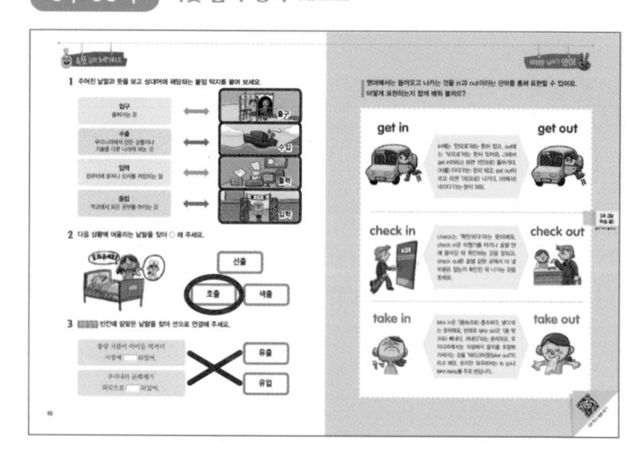

1. '출구'는 나가는 곳, '수입'은 다른 나라에서 만든 상품이나 원료, 기술을 우리나라로 사 오는 것, '출력'은 입력한 내용을 볼 수 있게 화면에 띄우거나 인쇄하는 일, '입학'은 공부를 배우러 학교에 들어가는 것을 말해요.
2. '선출'은 여럿 중에 한 명을 뽑는다는 뜻이고, '색출'은 샅샅이 뒤져서 찾는다는 뜻이에요.
3. '유출'은 무언가가 밖으로 흘러(흐를 류/유, 流) 나가는(날 출, 出) 일을 뜻해요. 우리나라의 소중한 문화재가 허가 없이 외국에 팔려 나가거나 비밀이 빠져나갈 때 '문화재가 유출되었다.', '비밀이 유출되었다.'라고 하지요. 반면 '유입'은 안으로 흘러(흐를 류/유, 流) 들어오는(들 입, 入) 일을 뜻해요. 불량 식품이 아이들의 먹거리 시장에 들어오거나 공장 폐수가 호수에 들어

올 때 '불량 식품이 유입되었다.', '폐수가 유입되었다.' 라고 말해요.

3주 91쪽 먼저 확인해 보기

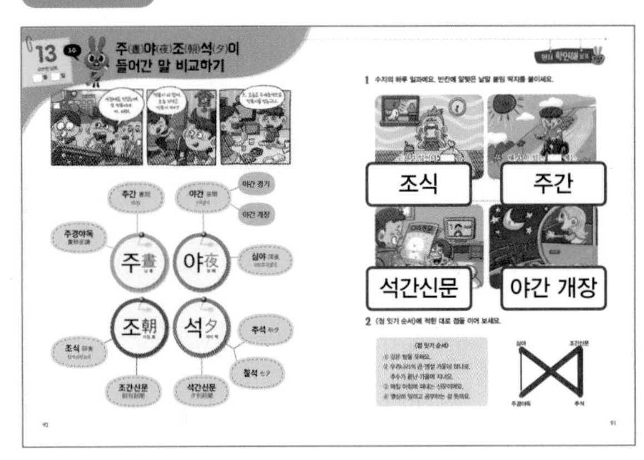

2. 정답인 ① 심야, ② 추석, ③ 조간신문, ④ 주경야독을 이으면, 리본 모양이 나와요.

3주 94쪽 속뜻 짐작 능력 테스트

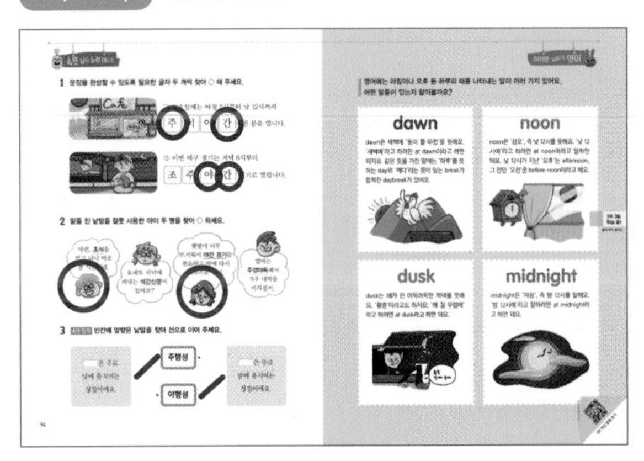

1. '주간'은 낮이나 낮 동안을 뜻하고, '야간'은 밤 또는 밤 동안을 뜻해요.
2. '조식'은 아침밥을, '석간신문'은 저녁에 읽도록 펴낸 신문을 뜻해요. '야간 경기'는 밤에 하는 경기를 말하고, '주경야독'은 낮에는 일하고 밤에는 책을 읽는다는 뜻으로, 일하는 중에도 열심히 공부하는 걸 말해요.
3. '주행성'은 소나 말, 벌처럼 밤에는 쉬고 주로 낮(낮 주, 晝)에 다니는(다닐 행, 行) 성질(성품 성, 性)을 뜻해요. 반면 '야행성'은 부엉이나 박쥐처럼 낮에 쉬고 주로 밤(밤 야, 夜)에 다니는 성질을 의미해요.

3주 97쪽 먼저 확인해 보기

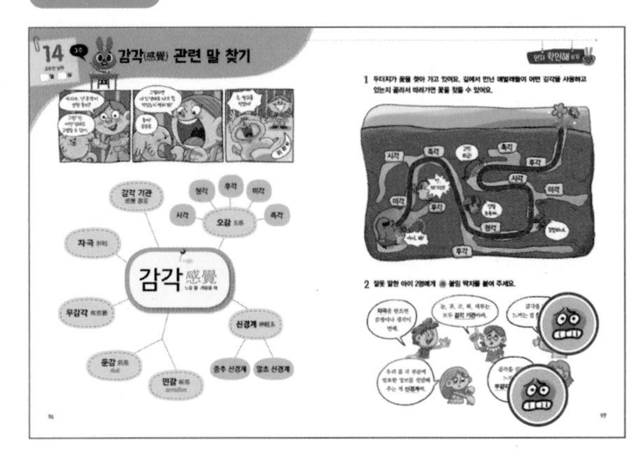

2. '정보'는 우리 생활의 실제 문제를 해결하는 데 도움이 되는 지식을 말해요.

3주 100쪽 속뜻 짐작 능력 테스트

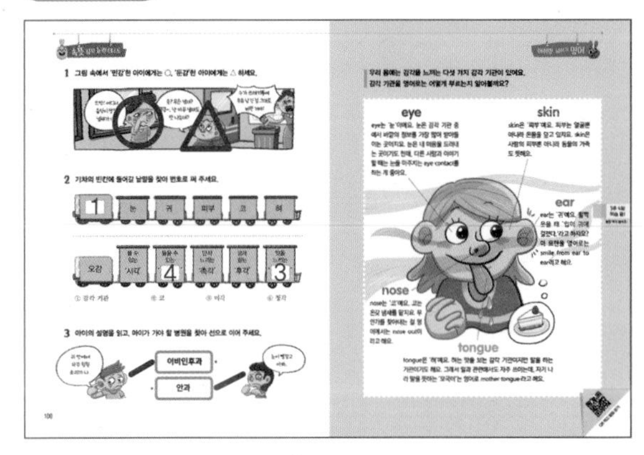

1. '민감'은 감각을 빠르고 크게 느끼는 것이고, '둔감'은 자극을 무덤덤하게 느끼는 것이에요.
2. '청각'은 들을 수 있는 감각, '미각'은 맛을 보아 느끼는 감각을 뜻해요.
3. '이비인후과'는 귀(귀 이, 耳), 코(코 비, 鼻), 목구멍(목구멍 인 咽, 목구멍 후 喉)이 아플 때 가는 병원이고, '안과'는 눈(눈 안, 眼)에 병이 났을 때 가는 병원이랍니다.

3주 103쪽 먼저 확인해 보기

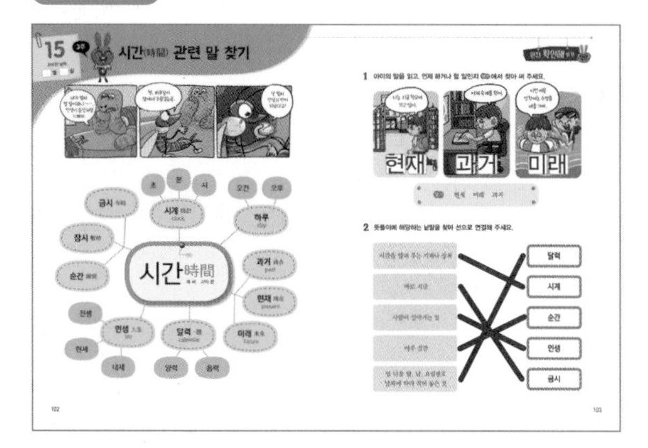

3주 106쪽 속뜻 짐작 능력 테스트

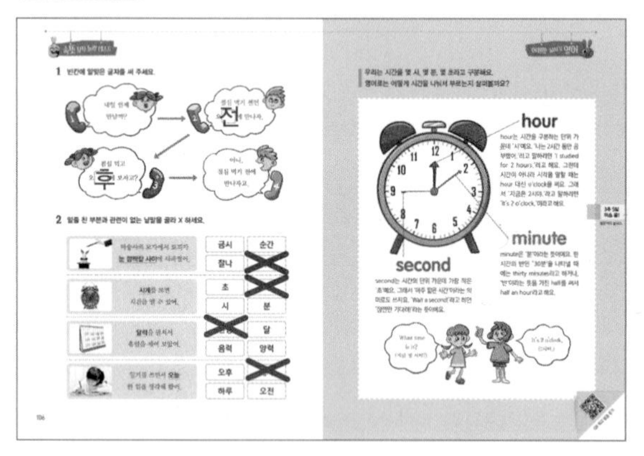

1. '오전'은 밤 12시부터 정오(낮 오, 午) 이전(앞 전, 前)까지의 시간을 뜻해요. 반면 '오후'는 정오(낮 오, 午) 이후(뒤 후, 後)부터 밤 12시까지를 뜻해요.
2. '금시'와 '순간', '찰나'는 모두 아주 짧은 시간을 가리키지만, '미래'는 아직 오지(올 래/내, 來) 않은(아닐 미, 未) 시간을 뜻해요. '초', '시', '분'은 모두 시계에 있는 것이지만 '요일'은 시계에 없어요. '달'과 '음력'과 '양력'은 모두 달력에 표시되어 있지만, '전생'은 불교에서 사람이 태어나기 전(앞 전, 前)의 인생을 말하는 것으로 달력에 실려 있지 않아요. '오전', '오후', '하루'는 오늘과 관련이 있지만, '내세'는 죽은 뒤에 다가올(올 래/내, 來) 인생을 뜻해요.

4주 113쪽 먼저 확인해 보기

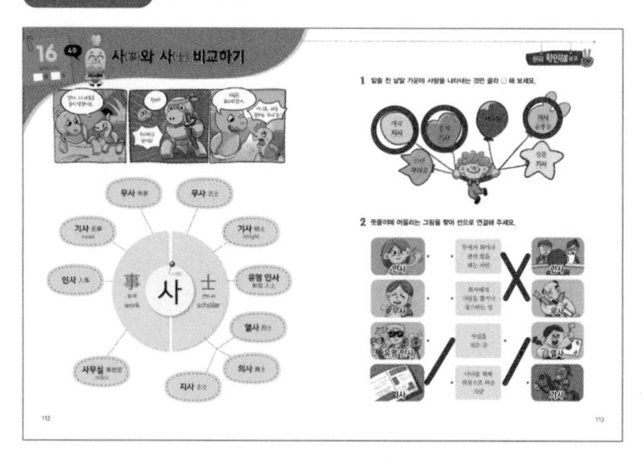

1. '애국'은 자기 나라(나라 국, 國)를 사랑하는(사랑 애, 愛) 것이고, '애국지사'는 나라를 위해 몸과 마음을 바치는 사람이에요.
2. '무예'는 싸우는 재주로, 무기를 다루는 기술이나 손, 발의 움직임, 말타기 등의 기술을 뜻해요.

4주 116쪽 속뜻 짐작 능력 테스트

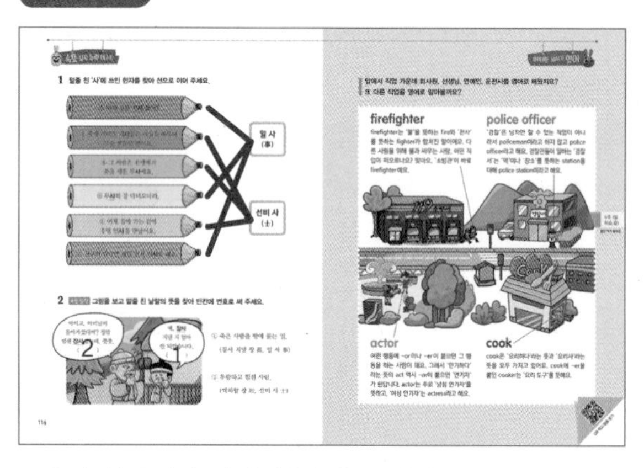

1. ①번 신문이나 잡지의 '기사'는 실제 일어난 일을 기록한 글이에요. 반면 ②번 중세 시대의 '기사'는 말을 타고 싸우는 사람을 가리키지요. ③번 '무사'는 무술을 익혀 싸우는 사람이고, ④번 '무사히'의 '무사'는 아무 탈 없다는 뜻이에요. ⑤번 '유명 인사'는 사회 활동이 많아 여러 사람에게 알려진 사람이고, ⑥번 친구와 나누는 '인사'는 만나거나 헤어질 때 예의를 갖춰서 하는 말이나 행동을 뜻해요. 일과 관련 있는 ①, ④, ⑥번에는 '일 사(事)' 자가 들어가고, 사람을 나타내는 ②, ③, ⑤번에는 '선비 사(士)' 자가 들어가요.
2. '씩씩할 장(壯)' 자와 '선비 사(士)' 자가 합쳐진 '장사'는 씩씩하고 힘센 사람을 가리켜요. '천하장사'처럼 쓸

수 있어요. 반면 '장사 지낼 장(葬)' 자와 '일 사(事)' 자가 합쳐진 '장사'는 죽은 사람을 땅에 묻는 일을 뜻한답니다.

4주 119쪽 먼저 확인해 보기

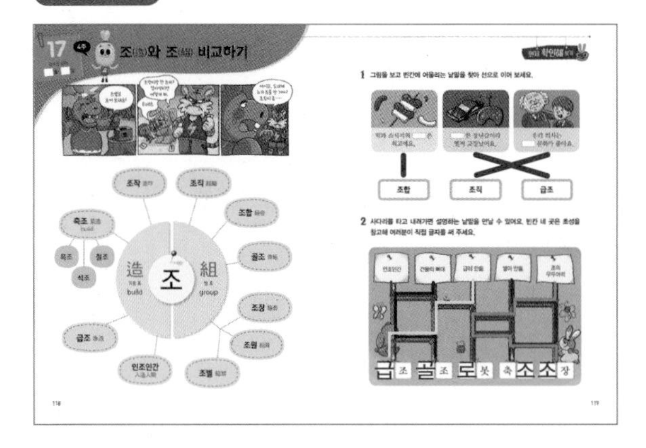

1. '문화'는 말과 글, 미술과 음악, 입고 먹고 사는 모습 등을 일컬어요. 또 어떤 모임에 대체로 드러나는 분위기를 뜻하기도 해요.

4주 122쪽 속뜻 짐작 능력 테스트

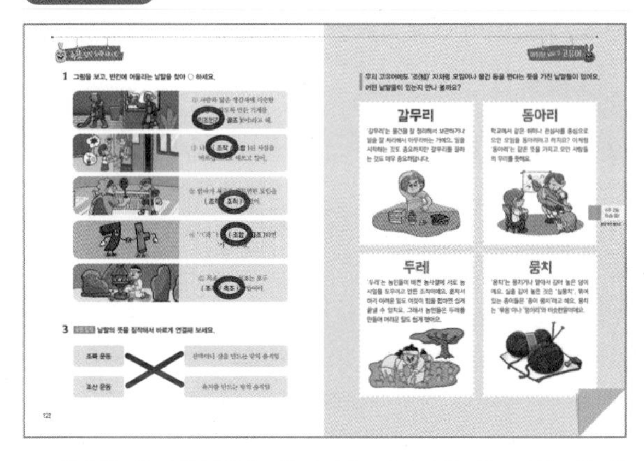

1. 정답은 ① 인조인간, ② 조작, ③ 조직, ④ 조합, ⑤ 축조예요. '인조인간'은 로봇, '조작'은 거짓을 사실인 것처럼 꾸미는 것, '조직'은 흩어져 있던 것을 모아서 짜임새 있게 만드는 것, '조합'은 여러 개를 모아 하나로 만드는 일, '축조'는 쌓아서 만드는 것을 뜻해요.
2. '조륙 운동'은 땅이 움직이면서 육지(뭍 륙/육, 陸)가 만들어지는(지을 조, 造) 거예요. 반면 '조산 운동'은 땅이 움직여서 산(산 산, 山)이 만들어지는(지을 조, 造) 거예요.

4주 125쪽 속뜻 짐작 능력 테스트

2. 정답은 ① 써, ② 서, ③ 서, ④ 써, ⑤ 써예요. '~로서'는 지위나 신분, 자격을, '~로써'는 어떤 일을 하는 수단이나 도구, 재료, 시간을 나타내요.

4주 127쪽 속뜻 짐작 능력 테스트

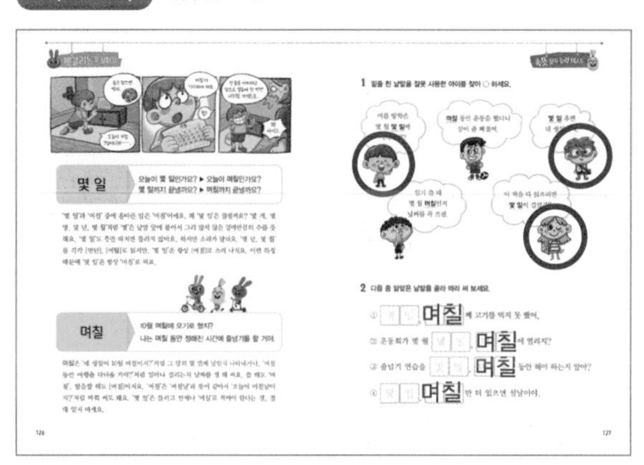

4주 129쪽 속뜻 짐작 능력 테스트

1. 정답은 ① 알음, ② 아름, ③ 알음이에요. '알음'은 서로 아는 관계, 지혜가 있다는 뜻이고, '아름'은 두 팔로 어림짐작한 둘레나 그 안에 들어갈 만큼의 양을 말해요.

4주 131쪽 속뜻 짐작 능력 테스트

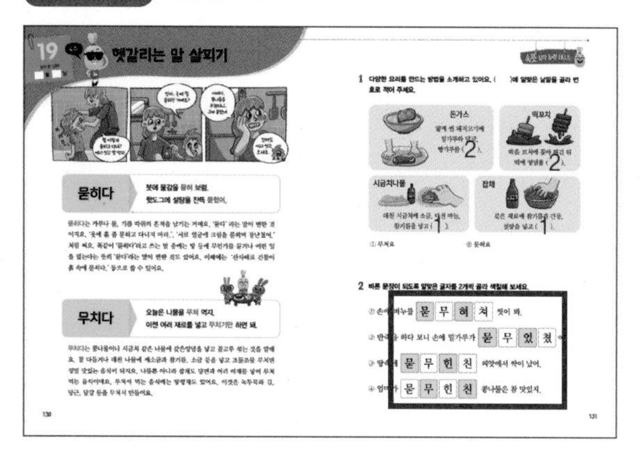

1. '무쳐요'는 갖은양념을 넣어 섞는 것이고, '묻혀요'는 어떤 물건에 가루나 물, 기름 등의 흔적을 남기는 거예요.

4주 133쪽 속뜻 짐작 능력 테스트

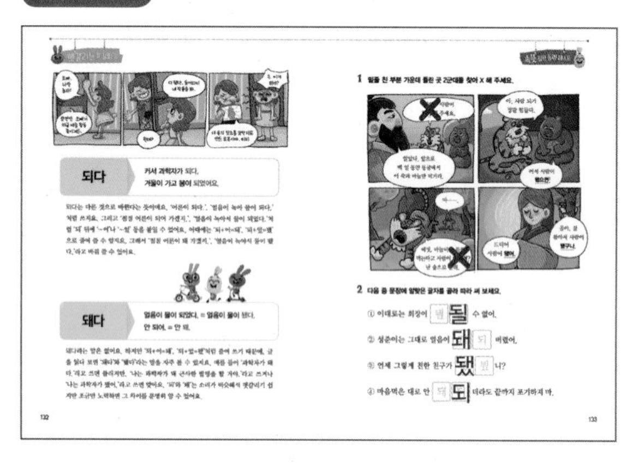

1. '되다'는 다른 것으로 바뀐다는 뜻으로, '돼다'라고 쓰면 틀려요. 단, '되어'가 줄어든 '돼'나, '되었'이 줄어든 '됐'은 맞는 말이에요.

4주 135쪽 속뜻 짐작 능력 테스트

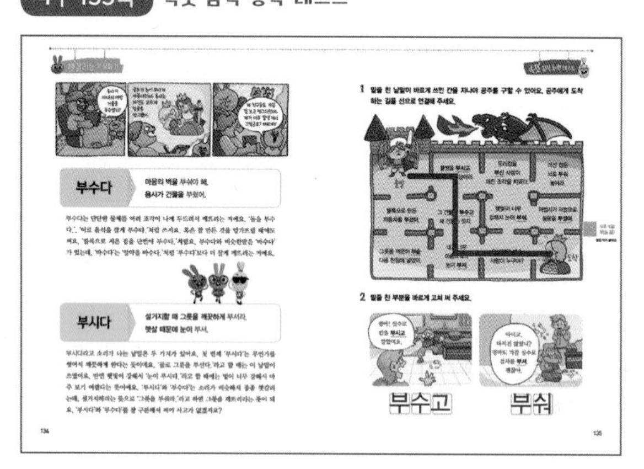

1. '부수다'는 물건을 두드려서 여러 조각이 나게 깨뜨리는 거예요. 문장 속에서 '부숴어', '부숴서', '부서졌어'처럼 바뀌어요. 반면 '부시다'는 그릇을 깨끗하게 씻는다, 햇볕이 강해서 눈을 뜨기 어렵다는 뜻으로, 문장 속에서 '부셨어', '부셔', '부시니'처럼 바뀌어요.

4주 137쪽 먼저 확인해 보기

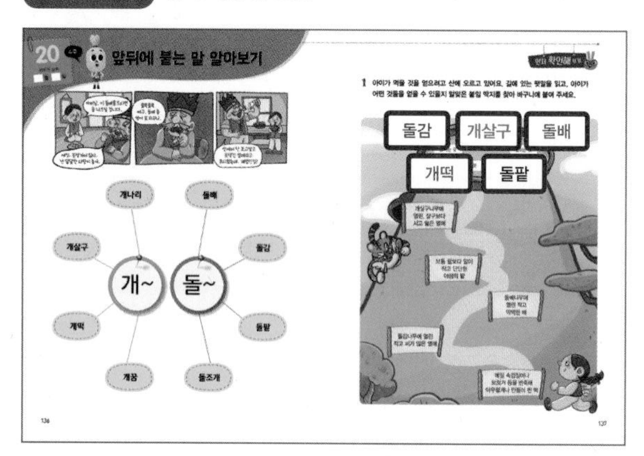

1. '겨'는 쌀, 보리, 조 같은 곡식 껍질을 뜻해요. 특히 '보릿겨'는 보리의 속껍질을 가리켜요.

4주 140쪽 속뜻 짐작 능력 테스트

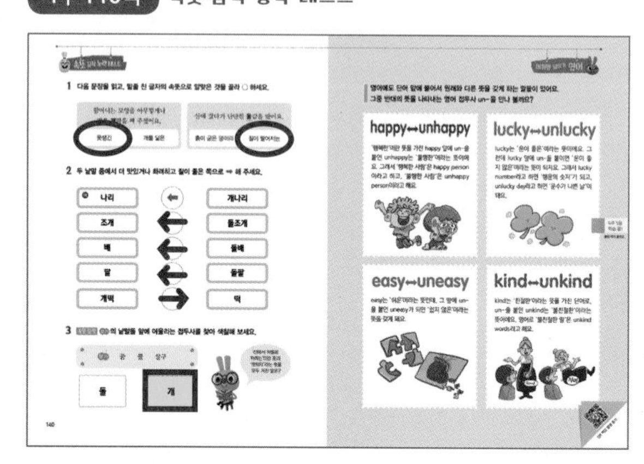

1. '개떡'은 메밀 속껍질이나 보릿겨 등을 반죽해서 아무렇게나 빚어서 찐 떡을 말해요. '돌감'은 산과 들에서 자라는 작고 씨가 많은 감을 가리켜요.
3. '개꿈'은 특별한 내용이 없는 어수선한 꿈을 뜻하고, '개꿀'은 벌통에서 꺼낸 그 상태의 꿀을 가리켜요. '개살구'는 살구처럼 생겼지만 맛이 떫은 야생 살구를 가리켜요.

〈세 마리 토끼 잡는 초등 어휘〉 A단계 4권

★ 하루 공부가 끝나는 곳에 붙임 딱지를 ❶~❸처럼 붙여 주세요.

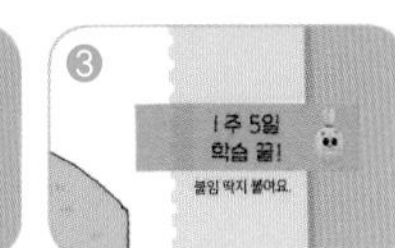

1주 1일 학습 끝!	1주 2일 학습 끝!	1주 3일 학습 끝!	1주 4일 학습 끝!	1주 5일 학습 끝!
2주 1일 학습 끝!	2주 2일 학습 끝!	2주 3일 학습 끝!	2주 4일 학습 끝!	2주 5일 학습 끝!
3주 1일 학습 끝!	3주 2일 학습 끝!	3주 3일 학습 끝!	3주 4일 학습 끝!	3주 5일 학습 끝!
4주 1일 학습 끝!	4주 2일 학습 끝!	4주 3일 학습 끝!	4주 4일 학습 끝!	4주 5일 학습 끝!

❶ 붙임 딱지의 왼쪽 끝을 붙임 딱지 자리에 잘 맞추어 붙이세요.
❷ 오른쪽에 남은 부분은 점선을 따라 접어 뒤로 붙이세요.
❸ 붙임 딱지를 붙인 모습이에요.

★ 해당 쪽에 알맞은 붙임 딱지를 붙여 주세요.

34쪽

37쪽

출 별 기
상 계 습

66쪽

ㅕ ㄴ ㅍ

48쪽

69쪽

제작 작가 창작
원작 작전 작업
작사 시작

88쪽

91쪽

석간신문 야간 개장
주간 조식

97쪽

137쪽

개꿈 돌감 돌배 개나리
개떡 돌팥 개살구 돌조개